Weihnachten – eine Spurensuche

Frühchristliches Mosaik aus der Gruft der Julier unter dem Petersdom in Rom. Christus wird mit dem Strahlenkranz und dem Wagen des Sonnengottes dargestellt, eine Identifikation, die auch für das Weihnachtsfest große Bedeutung hat.

Hans Förster

Weihnachten

Eine Spurensuche

Kulturverlag Kadmos Berlin

Die Forschungsergebnisse, die diesem Buch zugrundeliegen, sind zu großen Teilen in der 1997 vorgelegten Dissertation dargelegt; diese erschien im Verlag Mohr (Sieber) unter dem Titel: Die Feier der Geburt Christi in der Alten Kirche. Beiträge zur Erforschung der Anfänge des Epiphanie- und des Weihnachtsfestes, Tübingen 2000 (Reihe: Studien und Texte zu Antike und Christentum, Bd. 4).

Bibliographische Information Der Deutschen Bibliothek

Die Deutsche Bibliothek verzeichnet diese Publikation in der Deutschen Nationalbibliographie ; detaillierte bibliographische Daten sind im Internet unter http://dnb.ddb.de abrufbar

Printed in Germany

Layout und Satz: Readymade, Berlin. Wolfram Burckhardt
Druck: Clausen und Bosse, Leck
ISBN 3-931659-47-x

Vorwort

Zunächst hatte meine Beschäftigung und Auseinandersetzung mit der Frage nach Weihnachten und den Wurzeln dieses Festes ihren Ursprung im akademischen Bereich. Die positiven und interessierten Reaktionen von Freunden und Bekannten, die Rückmeldungen auf Beiträge in diversen kirchlichen Zeitschriften wie auch auf Artikel in der österreichischen Tageszeitung »Die Presse« ermutigten mich, das Thema noch einmal aufzugreifen und für eine breitere Leserschaft ganz neu aufzubereiten. Meine Frau hat mich in diesem Vorhaben bestärkt. Ihr gilt ein besonderer Dank.

Wien, im September 2002 Hans Förster

Inhalt

Einleitung

Das Weihnachtsfest ist heute den meisten Menschen das vertrauteste und wichtigste christliche Fest. Es liegt bei einer rangmäßigen Einstufung der christlichen Feste nach ihrer Bekanntheit und Beliebtheit noch vor Ostern*. Und doch gehörte dieses Fest, auch wenn es heute Kernbestand der christlichen Feiern ist, nicht zum Urbestand der christlichen Feste. Ostern und Pfingsten haben ihren Ursprung im Judentum, Ostern im jüdischen Pascha-Fest und Pfingsten im Wochenfest, beides waren Wallfahrtsfeste. Ja, die ersten Jünger sahen sich weiterhin als Juden und begingen anfangs wohl nur die jüdischen Feste – mit dem einen Unterschied, daß für sie in der Person Jesu Christi der von den Juden erwartete Messias bereits gekommen war. So tief war der Zusammenhang zwischen dem Judentum und dem frühen Christentum, daß erst am Anfang des vierten Jahrhunderts die endgültige und für alle Kirchen verbindliche Entscheidung fiel, Ostern an einem Sonntag zu feiern. In einigen Regionen war es bis dahin üblich, am 25. März das Osterfest zu feiern, weil

* Dies bestätigt auch die Veröffentlichung einer Umfrage im österreichischen Wochenmagazin Format (51/00 S. 9), die in Zusammenarbeit mit dem Markforschungsinstitut OGM durchgeführt worden war. Auf die Frage »Welches Fest ist Ihnen persönlich wichtiger (Weihnachten oder Ostern)? Oder bedeuten Ihnen die kirchlichen Feiertage nichts Besonderes?« hielten 60 % der Bevölkerung (48 % der Opinion-Leader) Weihnachten für das wichtigste Fest. Ostern bevorzugten 17 % der Bevölkerung (25 % der Opinion-Leader). 2 % bevorzugten andere Feste, für 17 % (19 % der Opinion-Leader) bedeuteten die kirchlichen Feste nichts Besonderes.

man aufgrund alter Überlieferung annahm, daß Jesus an einem 25. März gestorben sei. Doch auch von der Feier am Pascha-Fest selbst, am 14. Nisan, wie dies andere Gruppierungen der Kirche, die sogenannten Quartodezimaner taten, nahm man Abstand. Das Pascha-Fest fiel nur selten auf einen Sonntag. So konnte es vorkommen, daß die Christen in der einen Region des römischen Reiches noch die vorösterliche Fastenzeit hielten, während man in anderen Gebieten bereits die Auferstehung Jesu feierte. Hier zeigt sich eine eindeutige Entwicklung des Christentums, das sich dabei von seinen jüdischen Wurzeln entfernt.

Ganz anders verhält es sich mit dem Weihnachtsfest. Seine Anfänge liegen im Dunkeln. Unbekannt ist, wann genau es zum ersten Mal gefeiert wurde. Auch wenn immer wieder sehr frühe Datierungen versucht wurden, scheint sicher, daß vor dem Anfang des vierten Jahrhunderts das Fest nicht gefeiert wurde. Doch auch über die Gründe für seine Einführung herrscht Uneinigkeit in der wissenschaftlichen Diskussion. Es haben sich zwei Kernhypothesen herauskristallisiert, die beide für sich in Anspruch nehmen, die Entstehung des Weihnachtsfestes schlüssig zu erklären. Die Gräben zwischen den Hypothesen verlaufen entlang von Länder- und Sprachgrenzen. Im deutschsprachigen Raum ist die sogenannte religionsgeschichtliche Erklärung vorherrschend. Ihre Kernaussage ist, daß es sich bei dem Fest der Geburt Christi um ein »getauftes« heidnisches Fest handelt. Durch die Wende unter Konstantin mit dem Toleranzedikt von Mailand (313 n. Chr.) wurde aus der verfolgten Christenheit eine anerkannte Religionsgemeinschaft, der es noch im selben Jahrhundert gelang, unter Theodosius dem Großen im Jahr 380 zur einzigen anerkannten Religionsgemeinschaft des römischen Reiches aufzurücken. Aus der unterdrückten Minderheit wurde die bestimmende religiöse Gemeinschaft des römischen Reiches. Während dieser Entwicklung kam es selbstverständlich zu einer verstärkten Übernahme antiker Kulturelemente in das Christentum. Nach der religionsgeschichtlichen Hypothese kam es auch zu einer »Taufe« des Sol invictus Festes, des Geburtsfestes des unbesiegten Sonnengottes, das im dritten Jahrhundert in Rom eingeführt wurde. Die Anfänge dieses Festes liegen im Osten, in Persien, von wo es der römische Kaiser Eleagabal am Anfang des dritten Jahrhunderts mitbrachte. Gegen Ende dieses Jahrhunderts war es ein sehr wichtiges Fest in der Reichshauptstadt, und nach Meinung vieler Forscher scheinen sich Spuren in Predigten verschiedener Kirchenväter zu finden, die darauf hinweisen, daß ein Zusammenhang zwischen diesem Fest und dem Weihnachtsfest besteht. In diesem Sinne stünde das Weihnachtsfest zwischen heidnischer und christlicher Welt.

Im angelsächsischen Sprachraum gibt man der sogenannten Berechnungshypothese den Vorzug: Weihnachten sei aufgrund von Berechnungen christlicher Gelehrter in der Kirche eingeführt worden. Der Zusammenhang zwischen dem Weihnachtsfest und dem heidnischen Sonnwendfest ist nach dieser Hypothese rein zufällig. Beide Feste fallen auf denselben Tag*. Mit dieser zufälligen Übereinstimmung – so dieses Erklärungsmodell – endet aber auch schon jegliche Verbindung zwischen den beiden Festen. Die altkirchlichen Berechnungen fußen auf den Geburtserzählungen in den Evangelien nach Matthäus und Lukas. Nach dieser Hypothese liegt das Weihnachtsfest in der »christlichen Welt« – doch auch dieses Erklärungsmodell kann nicht verschweigen, daß die christliche

* Das Fest des Sol invictus, das den Sieg der Sonne über die Finsternis feierte, wurde unter Kaiser Aurelian am 25. 12. 274 eingeführt und dann jedes Jahr an diesem Tag gefeiert. Heute ist der 22. 12. das astronomische Datum für die Wintersonnenwende.

Welt des vierten und fünften Jahrhunderts in zwei große Sprachräume geteilt war, die sowohl religiös wie politisch immer wieder neu eigene Wege gingen – oder es zumindest versuchten: den lateinischen Westen und den griechischen Osten. In diese beiden Welten hat sich das Weihnachtsfest auf sehr unterschiedliche Weise integriert. Gleichgültig mit welcher Hypothese man die Entstehung eines Geburtsfestes Jesu Christi erklären möchte, immer befindet man sich in irgendeiner Form zwischen verschiedenen Welten.

Der Aufbau des Buches ist letztlich von der Sache her vorgegeben. Da die Berechnungshypothese im deutschen Sprachraum fast völlig unbekannt ist, wird mit ihr begonnen, um dann überzugehen auf die ältesten Quellen, die Evangelien, denen alles das abgerungen werden soll, was sie zur Frage eines Geburtstages und Geburtsjahres Jesu beitragen können. Ebenso soll dann die religionsgeschichtliche Hypothese zu Wort kommen und anhand der Quellen dargestellt werden. Nach dieser besteht ein ursächlicher Zusammenhang zwischen dem Weihnachtsfest und dem Fest des unbesiegten Sonnengottes, dem Sol-invictus-Fest. Daß hierbei das Weihnachtsfest nicht völlig isoliert betrachtet werden kann, sondern auch das Epiphaniefest berücksichtigt werden muß, wird sich im Laufe der Darlegungen zeigen.

Das Anliegen dieses Buches ist nun, den Leser mit hineinzunehmen in die altkirchlichen Auseinandersetzungen, die sich rund um die Einführung des Weihnachtsfestes abspielten. Eines der größten Probleme, denen man bei dieser wie auch bei vielen anderen altkirchlichen Fragestellungen begegnet, ist die verhältnismäßig schlechte Quellenlage. An vielen Punkten ist man bei der Interpretation auf begründete Vermutungen angewiesen. Und so ist es die wichtigste Aufgabe dieses Buches, dem Leser neben den

Texten antiker Autoren genügend Informationen über die einzelnen zitierten Quellen zu bieten, so daß dieser sich selbst ein Urteil zu bilden vermag, ob die vorgeschlagenen Schlußfolgerungen von der Sache her gerechtfertigt sind. Gleichzeitig soll jedoch auch durch diese Betrachtungen dem Leser Gelegenheit gegeben werden, für sich selbst die Bedeutung des Weihnachtsfestes neu zu entdecken, ist es doch für viele zum bedeutendsten christlichen Fest geworden.

Wozu Weihnachten?

Fast möchte man vermuten, daß sich bereits Augustinus gegen Ende des vierten oder Anfang des fünften Jahrhunderts diese Frage gefallen lassen mußte. Auf jeden Fall muß er sich mit der Bezeichnung des Festes und seinem Inhalt auseinandersetzen. Dieser Name läßt vieles offen. Im Lateinischen hat das Fest den Namen »natalis Christi«, übersetzt »Geburtstag Christi«. Der Name scheint sich selbst zu erklären, und doch hat Augustinus einen Erklärungsbedarf. Schließlich wird zu seiner Zeit der Todestag eines Heiligen ebenfalls als *natalis*, also als »Geburtstag« bezeichnet. Jesus wurde also an seinem *natalis* geboren, während der *natalis* des Stephanus sein Todestag ist. Prediger des fünften Jahrhunderts erklären dies damit, daß ja die eigentliche Geburt eines Christen erst im Tod und seinem Eintritt in die jenseitige Welt stattfände. Doch warum dann Weihnachten überhaupt feiern? In den ersten Jahrhunderten des Christentums gab es eine weitverbreitete Leibfeindlichkeit, die dazu führte, daß man Geburtstagsfeiern ablehnte. So ist von Hieronymus eine Predigt erhalten, in der er darauf hinweist, daß in der Bibel nur von den Geburtstagsfeiern des Pharao und des Königs Herodes berichtet wird. Und beide waren ja gewiß keine frommen Männer, ließ doch der eine den Oberbäcker hinrichten, während der andere gar den Tod von Johannes dem Täufer zu verantworten hat. Letztlich scheint die Begriffsproblematik, vor der Augustinus hier steht, wenn er die unterschiedliche Bedeutung von *natalis* im Fall des Stephanus und im Falle Jesu erklären muß, ihre Wurzeln in einer begrifflich problematischen Übersetzung griechischer Fachwörter für »Fest« und »Geburtstag« zu haben. Zwei unterschiedliche griechische Begriffe wurden beide durch das lateinische Wort *natalis* übersetzt.

Was hat es mit den Geburtstagsfesten in der Antike auf sich? Von vielen heidnischen Göttern wurden die Geburtsfeste begangen, auch die Geburtstage der Herrscher und bedeutender Männer wurden öffentlich gefeiert. König Antiochos IV. Epiphanes (175–164 n. Chr.) ließ die Juden an seinem monatlich gefeierten Geburtstag zum Opfermahl treiben, das aus diesem Anlaß veranstaltet wurde (2 Makk. 6,7). Doch auch private Geburtstage wurden im engeren Kreis gefeiert. Ja, manche machten private Stiftungen, damit auch nach ihrem Tod jährlich das Gedenken ihres Geburtstages begangen werde. Augustinus scheint Geburtstagsfeiern bei den Christen vorauszusetzen, wenn er davon spricht, daß »die Geburtstagsfeiern, die wir in unseren Häusern feiern, von den Festtagen der Märtyrer verschieden sind und nicht mit ihnen verglichen werden dürfen.«

Es ist erstaunlich, wie wenig über die Anfänge des Weihnachtsfestes bekannt ist. Es finden sich verschiedentlich Erklärungen, wie es dazu kommt, daß das Fest gefeiert wird. Einer der faszinierendsten Texte stammt von einem der wortgewaltigsten Prediger, der jemals eine Kanzel bestiegen hat: Johannes Chrysostomos. Bereits der Name des Predigers bürgt für Qualität. Chrysostomos heißt übersetzt »Goldmund« – dieser Beiname wurde dem Prediger aus Antiochien aufgrund seiner großen Beredsamkeit verliehen. Und zumindest eine seiner Predigten kann mit gutem Grund als Meisterstück betrachtet werden, ist sie es doch, die den wichtigsten Anlaß für die sogenannte Berechnungshypothese gab. Von seinem Lösungsvorschlag soll nun die Rede sein.

»Wenn wir doch nur den Tag wüßten« – ein Lösungsvorschlag aus dem Osten

In der Mitte der achtziger Jahre des vierten Jahrhunderts hält Johannes Chrysostomos eine Weihnachtspredigt in Antiochien, mit der er das Weihnachtsfest in dieser Stadt einführt. Nach dieser führten altkirchliche Berechnungen des Geburtstermins Jesu dazu, daß man ein Fest seiner Geburt in den kirchlichen Festkalender aufnahm. Allerdings darf bereits hier die Frage gestellt werden, ob es nicht zur Vorsicht mahnen muß, daß ein Werk eines der berühmtesten Redner der Alten Kirche den Anlaß für eine wissenschaftliche Hypothese gibt. Reden war damals immerhin eine ausgefeilte und wichtige Kunst. Ihr Studium war Voraussetzung für viele wichtige Ämter. Und so muß sehr genau gefragt werden, was der gelehrte Prediger aus Antiochien sagen wollte und warum er es genau so und nicht anders sagt.

Johannes wurde wahrscheinlich im Jahr 349 im syrischen Antiochien, dem heute in der Türkei gelegenen Antakya, geboren. Er genoß eine umfassende geistige Ausbildung und studierte Rhetorik. Im Jahr 368 wurde er getauft. Nachdem er für sechs Jahre zurückgezogen in den Bergen als Mönch und Einsiedler gelebt hatte, kehrte er im Jahr 378 in seine Geburtsstadt zurück und wurde um 380/81 zum Diakon geweiht. Ob er die berühmte Predigt »Über den Tag der Geburt unseres Herrn Jesus Christus« noch als Diakon oder, was wahrscheinlicher ist, als Priester gehalten hat, ist unklar. Später wurde er Bischof der

Reichshauptstadt Konstantinopel. Im Jahr 407 starb er in der Verbannung – er war den Intrigen am Kaiserhof nicht gewachsen. Durch sein freimütiges und offenes Auftreten hatte er sich viele Feinde gemacht, kritisierte er doch auch hochgestellte Persönlichkeiten. Und so zeigt auch das Leben des Johannes, daß im vierten Jahrhundert Kirche und Politik eng verwoben waren, daß die Machthaber dieser Zeit oftmals in die Geschicke der Kirche und in ihre Personalpolitik eingriffen.

Johannes Chrysostomos war einer der begabtesten Prediger, die je in der Kirche gewirkt haben. Irgendwann in den achtziger Jahren, sei es im Jahr 386 oder in einem der folgenden Jahre, wird ihm von Bischof Flavian von Antiochien die Aufgabe übertragen, die Predigt bei der ersten offiziellen Feier des Weihnachtsfestes in Antiochien zu halten. Mögliche Einwände gegen die Einführung dieses Festes lassen sich rasch finden: warum muß man überhaupt dieses Fest feiern – und wenn man es schon feiert, warum dann gerade an diesem Tag? Johannes Chrysostomos scheint sich gleich einer ganzen Reihe von Einwänden bewußt gewesen zu sein, denn er verwendet den größten Teil seiner Predigt dafür, seinen Zuhörern zu erklären, warum es notwendig sei, der Geburt Jesu am 25. Dezember zu gedenken. Die Predigt baut er kunstvoll auf, indem er drei Argumente nacheinander entfaltet und so vom schwächsten zum schlagkräftigsten Argument einen Bogen spannt, der den Zuhörer damals in den Bann schlug.

Ja, auch heute noch hat der faszinierende Prediger die Fähigkeit, den Leser zu fesseln, gilt doch die Argumentation, die er im dritten seiner Beweise vorlegt, vielen Wissenschaftlern als die eigentliche Begründung für das Entstehen des Weihnachtsfestes.

»Und Gott erschien im Fleisch auf der Erde und lebte zusammen mit den Menschen.« Mit diesem Satz, der die

Predigt eröffnet, spielt Johannes auf eine Stelle des Alten Testamentes an. Bei dem Propheten Baruch heißt es über die Weisheit Gottes (Bar. 3,38): »Danach ist sie auf Erden erschienen und hat bei den Menschen gewohnt.«* Hierauf vergleicht Johannes Chrysostomos die versammelte Gemeinde mit dem Besuch Marias bei ihrer Cousine Elisabeth (Lk. 1,39–45): Johannes der Täufer hat bereits im Mutterleib seine Freude über diesen Besuch geäußert, um wieviel mehr muß sich dann die Gemeinde darüber freuen, daß sie sich am Jahrestag der Geburt Jesu versammelt hat, um diese zu feiern.

Mit dieser Einleitung erreicht der Prediger zweierlei: Er stimmt die Gemeinde ein auf den festlichen Charakter des Gottesdienstes und ruft den versammelten Gläubigen gleichzeitig den biblischen Bericht in Erinnerung, den er für sein Hauptargument benötigen wird.

Doch Johannes erhöht noch die Spannung bei den Kirchenbesuchern: »Schaue und begreife: wie groß ist es, daß wir sehen, wie die Sonne der Gerechtigkeit aus unserem Fleisch heraus ihre Strahlen aussendet und unsere Seelen erleuchtet.« Die Anspielung auf den Propheten Maleachi wird vielen seiner Zuhörer aufgefallen sein. Ja, vielleicht hatte der Prediger sogar diese Lesung bereits vor der Predigt vortragen lassen. Dort heißt es über den »Tag des Herrn«, über die Zeit, die er bringen wird (Mal. 3,20): »Euch aber, die ihr meinen Namen fürchtet, soll aufgehen die Sonne der Gerechtigkeit und Heil unter ihren Flügeln.« Lange habe er sich bereits danach gesehnt, diesen Tag mit der Gemeinde zu feiern. Dabei habe er sich besonders danach gesehnt, ihn mit einer zahlreich versammelten,

---

* Sämtliche Bibelzitate folgen: »Die Bibel nach der Übersetzung Martin Luthers. Bibeltext in der revidierten Fassung von 1984, Stuttgart 1985«.

festlichen Gemeinde zu feiern. Bisher wurde dieses Fest in Antiochien nicht gefeiert, und bereits seine Einführung war ein voller Erfolg – denn es ist nicht anzunehmen, daß es sich bei diesen Ausführungen um einen rhetorischen Kunstgriff des Predigers handeln könnte, hatten doch die Gläubigen sehr leicht die Möglichkeit, sich von der Anzahl der Kirchenbesucher selbst zu überzeugen. Ja, der Prediger gesteht, daß es sogar sein Gebetsanliegen gewesen sei, die Kirche an diesem Tag gut gefüllt zu sehen.

»Nicht einmal zehn Jahre sind es, daß wir diesen Tag kennen. Trotzdem: Euer Eifer ließ ihn aufblühen, als ob er durch lange Überlieferung bekannt wäre. So ist es nicht falsch, dieses Fest zugleich als alt und neu zu bezeichnen: Neu ist es, weil es erst seit kurzer Zeit bekannt ist. Alt und bedeutend ist es, weil es den ältesten Festen ebenbürtig ist.« Nach Johannes Chrysostomos kann man die Bedeutung des Weihnachtsfestes nicht überschätzen. Es ist Ostern und Pfingsten ebenbürtig, es geht also seiner Meinung nach auf älteste Traditionen und historische Nachrichten zurück, haben doch Ostern und Pfingsten ihren Anfang ebenfalls in zwei historischen Ereignissen der Bibel, nämlich in der Auferstehung Jesu und der Herabkunft des Heiligen Geistes auf die versammelten Jünger. Auch heute noch ist dieses Fest so bedeutend, daß, wie bereits erwähnt, für viele Menschen Weihnachten noch wichtiger und bedeutungsvoller ist als das ältere Osterfest, das ja den Kern des christlichen Glaubens, die Auferstehung Christi, feiert.

Um die Bedeutung des Gesagten zu verdeutlichen, greift der Prediger zu einem Bild aus der Natur: »Ein guter Setzling wächst rasch, nachdem er in die Erde eingesetzt wurde, zu großer Höhe empor und biegt sich bald unter der Last seiner Früchte. So ist es auch mit diesem Fest: Denen, die im Westen wohnen, ist es seit langer Zeit bekannt. Auch wenn es vor gar nicht langer Zeit zu uns gebracht wurde, so ist es bereits gut gewachsen. Und seine Früchte lassen sich sehen.« Das Gleichnis aus der Natur ist einfach und überzeugend. Eine gute Pflanze wächst rasch und gibt reichlich Früchte. Und genau das kann man bereits bei der ersten Feier des Weihnachtsfestes zur Zeit des antiochenischen Bischofs Flavian sehen: Die Kirche ist voll – das Fest begeistert offensichtlich die Gläubigen. Noch einen weiteren wichtigen Hinweis gibt der Prediger: das Fest stammt aus dem Westen – hierunter hat man die lateinische Reichshälfte und wohl zuerst einmal die römische Liturgie zu verstehen. Dort wird nach Auskunft des Festpredigers Weihnachten seit »langer Zeit« gefeiert – wenn man sich allerdings den Zeitbegriff vor Augen führt, der es ihm erst wenige Sätze vor diesen Ausführungen ermöglicht hat, dieses Fest als »gleich alt mit den ältesten Festen« zu bezeichnen, drängt sich die Frage auf, wie viele Jahre denn nun tatsächlich unter dem Begriff »lange Zeit« zu verstehen sind – oder wollte der Prediger nur zum Ausdruck bringen, daß dieses Fest im Westen bereits etabliert war, ohne auf das genaue Alter des Festes eingehen zu wollen?

Diese Frage interessiert jedoch den charismatischen Prediger aus Antiochien herzlich wenig. Ihm geht es nicht um historische Wahrheiten, nicht um ein kritisches Hinterfragen von tradierten Gewohnheiten und ebenfalls nicht um eine exakte Quellenforschung. Sein Ziel ist es, die Gemeinde für dieses neue Fest zu begeistern, sie mitzureißen und mit ihr zu feiern. Und so gibt er dann auch in der Einleitung seiner Predigt zu, daß doch nicht alle Mitglieder der Gemeinde mit der Einführung des Festes einverstanden sind, daß es Widerstand gegen dieses Fest gibt, den es zu überwinden gilt. Als geübter Redner weiß er, wie wichtig es ist, vorhandene Ängste und Sorgen in Worte zu fassen, sie nicht einfach zu unterdrücken oder zu ignorieren: »Was wollt ihr denn heute hören? Was anderes, als eine Rechtfertigung dieser Feier? Mir ist bewußt, daß bis jetzt Uneinigkeit herrscht: die einen sind dagegen, andere dafür! An jeder Ecke wird über den heutigen Tag diskutiert. Die Zweifler meinen, daß Neues zum ersten Mal gefeiert wird. Die Befürworter jedoch verweisen auf das hohe Alter dieses Tages: Propheten verkündeten Seine Geburt. Von Thrakien bis Gades feiert man dieses Fest. Und so will ich mich selbst dieser Streitfrage annehmen. Jetzt zweifelt ihr noch – und doch freut ihr euch bereits an der Feier. Und so ist es nur einleuchtend, daß ihr mit viel größerem Eifer dieses Fest feiern werdet, wenn ihr begreift, warum ihr dieses Fest feiert.«

Bei aller Begeisterung, die der Prediger für das Weihnachtsfest hat, bei aller Vorsicht, mit der er die Probleme andeutet, die seine Gemeinde mit diesem Fest hat, sind die Andeutungen doch so konkret, daß eine recht starke Opposition gegen dieses Fest vermutet werden darf, auf die sich seine Bemerkungen direkt beziehen. Zu klar, zu deutlich sind die Anspielungen auf den sich regenden Widerstand.

Gades – das heutige Cadiz – an der Südspitze Spaniens, das ein wenig nordwestlich von der Straße von Gibraltar liegt, galt bereits Pindar als das sprichwörtliche Ende der Welt. Thrakien liegt hingegen weit im Osten des Reiches; das Gebiet liegt zwischen dem Unterlauf der Donau, wo sie in das Schwarze Meer fließt, und dem Mittelmeer. Der Prediger behauptet also, daß in der ganzen zivilisierten Welt dieses Fest gefeiert wird – nur bisher mit der Ausnahme Antiochiens. So ganz stimmt diese Aussage nicht. Auch wenn in Konstantinopel wohl um 380/381 Weihnachten zum ersten Mal gefeiert wurde, so hat es doch in Jerusalem, das ja nicht gar so weit von Antiochien entfernt ist, bis in die Mitte des 5. Jahrhunderts kein Weihnachtsfest gegeben. Doch ein Großteil seiner Gemeindemitglieder dürfte sich in ihrem ganzen Leben nie weit von Antiochien entfernt haben, vielleicht mit der Ausnahme einiger Händler, Soldaten und Seeleute. Die meisten waren ortsansässig und entfernten sich ihr ganzes Leben lang nicht weit von ihrem Geburtsort. Und so darf er darauf vertrauen, daß viele sich für rückständig halten werden, wenn sie in der Predigt hören, daß angeblich alle mit der Ausnahme von Antiochien dieses Fest feiern. Und fortschrittlich wollte man bereits damals sein.

Nachdem er nun den bestehenden Widerstand gegen dieses Fest angesprochen hat, stimmt er seine Zuhörer auf eine längere Predigt ein: drei Argumente will er ihnen bieten, drei Beweise vorführen, daß man nicht anders kann, als dieses Fest zu feiern. Die Formulierung, die er wählt, ist auffällig: »Drei Beweise habe ich, die euch überzeugen werden: Dies ist tatsächlich der Zeitpunkt, an dem unser Herr Jesus Christus das Licht der Welt erblickt hat.« Es geht ihm darum, daß der 25. Dezember – im Gegensatz zu allen anderen Tagen des Jahres – der Geburtstag Jesu ist. Fast möchte es so scheinen, als ob das Geburtsfest Jesu selbst ein geringeres Problem darstellt als der genaue Tag, an dem man es feiert. Bereits diese Einleitung hat genügend Material geliefert, um Wissenschaftler zu unterschiedlichen Hypothesen darüber anzuregen: Seit wann wurde tatsächlich Weihnachten in Antiochien gefeiert? Können nicht auch andere Orte mit der erwähnten Stadt Gades gemeint sein? Gab es bestimmte religiöse Richtungen in der Gemeinde, die besonders gegen das Fest eingestellt waren?

Eine Fülle von Fragen, die nur beantwortet werden können, wenn man sich mit dieser Predigt näher beschäftigt. Der antiken Tradition folgend, beginnt der Prediger mit dem schwächsten Argument. Von ihm ausgehend wird ein Spannungsbogen aufgebaut zum stärksten Beweis, der erst am Ende einer manchmal sehr langen Beweisführung präsentiert wird.

Johannes Chrysostomos verweist auf einen jüdischen Gelehrten, der in der Apostelgeschichte zitiert wird. Rabbi Gamaliel spricht dort (Apg. 5,38f): »Und nun sage ich euch: Laßt ab von diesen Menschen und laßt sie gehen! Ist dies Vorhaben oder dies Werk von Menschen, so wird's untergehen; ist es aber von Gott, so könnt ihr sie nicht vernichten.« So verhält es sich nach der Meinung des Predigers auch mit dem Weihnachtsfest: Binnen kürzester Zeit hat es dieses Fest geschafft, die Herzen der Menschen zu erobern, es wird überall gefeiert. Wenn das nicht Zeichen dafür ist, daß diese Feier höheren Ursprungs ist, wenn dieser Umstand nicht dazu zwingt, dieses Fest auch in Antiochien einzuführen, was dann? Schließlich lassen sich Jahr für Jahr mehr Menschen für dieses Fest begeistern, die Zahl seiner Befürworter wächst stündlich. Da Gamaliel seine Aussage auf die Verbreitung der Botschaft Jesu bezieht, folgt Johannes Chrysostomos hier seinem Vergleich: »Binnen weniger Jahre erreicht die Botschaft Jesu die bewohnte Welt und ergreift sie, auch wenn nur Zeltmacher und Fischer, einfache und ungebildete Menschen, sie verkündeten. Die einfache Herkunft der Boten tat der Botschaft keinen Abbruch. Ihr Inhalt war es, der alle Widerstände und Hindernisse beseitigte. Doch falls einem [Zuhörer] dieser Beweis zu schwach erscheint, mag er sich gedulden, komme ich doch jetzt zu meinem zweiten Argument.«

Johannes wußte selbst, daß dieses Argument das schwächste war, das er zu bieten hatte. Auch wenn er nicht unbedingt in einem individualistischen Zeitalter lebte, so ist doch das Argument, daß alle etwas tun und daß deswegen andere dieses auch tun müssen, nicht gerade überzeugend. Nicht ohne Grund sagt man, die Masse sei blind. Allerdings weist der Prediger darauf hin, daß es schwache Werkzeuge waren, die anfangs die Botschaft in die Welt trugen. Die ersten Jünger waren vor ihrer Berufung Fischer, die Jesus zu Menschenfischern machte. Paulus, der bei Rabbi Gamaliel studiert hatte, arbeitete als Zeltmacher, um sich den Lebensunterhalt zu verdienen, während er die christliche Botschaft in die Welt trug. Und so ist doch ein Stückchen Wahrheit in diesem Argument. Noch bevor sich großer Widerstand gegen diese Beweisführung regen kann, geht Johannes Chrysostomos auch schon zu seinem zweiten Beweis über.

Für seine Argumentation führt er die Volkszählung unter Quirinius an (Lk. 2,1–2): »Es begab sich aber zu der Zeit, daß ein Gebot von dem Kaiser Augustus ausging, daß alle Welt geschätzt würde. Und diese Schätzung war die allererste und geschah zur Zeit, da Quirinius Statthalter in Syrien war. Und jedermann ging, daß er sich schätzen ließe, ein jeder in seine Stadt.«

Die Folgerung, die der wortgewandte Prediger aus diesem Bericht zieht, ist verblüffend. Johannes Chrysostomos geht gar nicht lange der Frage nach, welcher Statthalter mit Quirinius gemeint sein könnte: »Und so ist es doch ganz offensichtlich, daß er zur Zeit der ersten Volkszählung geboren wurde. Wer es nun genau wissen will, der kann in Rom nachschlagen. Die alten Bücher sind öffentlich aufgestellt. Dort kann man nachschlagen und den Zeitpunkt der Volkszählung genau erfahren.« Offensichtlich ist sich Johannes Chrysostomos der Fragwürdigkeit seiner Argumentation bewußt, ist doch die Berufung auf angebliche, rund vierhundert Jahre alte Akten in Rom recht dreist. Schließlich wurden damals nur erwachsene Männer »geschätzt«, Kinder und gar Neugeborene in einer derartigen Volkszählung mitzuerfassen, wäre ein mühsames Unterfangen gewesen. Bei der hohen

Kindersterblichkeit wäre die Ungenauigkeit derartiger Statistiken viel zu hoch. Falls man also davon absieht, daß die Volkszählung als solche historisch umstritten ist, so hätte sie sicherlich kein neugeborenes Kind erfaßt. Warum sollte man auf einmal – abweichend vom allgemeinen Gebrauch im römischen Reich – dieses eine Mal die Kinder mitzählen? Somit wäre von solchen Akten selbst dann nichts über den Geburtstag Jesu zu erfahren, wenn sie erhalten wären. Sie hätten also in dieser Frage unter keinen Umständen einen historischen Zeugniswert.

Im Bewußtsein, wie anfechtbar seine Beweisführung ist, fährt er in seiner Argumentation fort: »Aber was nützt uns das, mag einer sagen. Wir sind nicht dort und hinkommen werden wir dorthin auch nicht.« Das ist jedoch für den Prediger kein Problem: »Höre genau zu und sei nicht ungläubig. Von denen haben wir den Festtag übernommen, die es genau wissen und in jener Stadt wohnen. Die dort leben, haben ihn durch alte Überlieferung übernommen.« Letztlich gibt der gelehrte Redner mit diesem Satz zu, daß wohl auch die Römer keine Geburtsregister vorliegen haben, in denen ein Jesuskind eingetragen wäre. Warum sonst müßte er auf einmal auf die »alte Überlieferung« hinweisen, warum sonst läßt er seine Geburtsregister so rasch beiseite?

Aber falls man tatsächlich von der Annahme ausgeht, daß der Prediger sich hier auf vorhandene Register beruft, warum spricht er dann nicht gleich an dieser Stelle sein Amen und beendet die Predigt? Immerhin ist ja aus der Apostelgeschichte bekannt, wie gefährlich eine zu lange Predigt sein kann: Ein junger Mann schlief am Fester sitzend ein, als Paulus kein Ende fand, und stürzte aus dem Fester (Apg. 20,7–10). Ein amtliches Schriftstück, beglaubigt mit Brief und Siegel, das Jahr und Tag der Geburt Jesu nachweisen könnte, würde mit einem Schlag einen lange zwischen Ost und West schwelenden Streit aus der Welt schaffen. Eine verstaubte Aktennotiz würde Ruhe und Frieden in dieser umstrittenen Frage schaffen. Aber der Prediger führt seine Rede fort und ist sich wahrscheinlich voll und ganz der Fragwürdigkeit und Problematik seiner Argumentation bewußt.

Wenn es aber tatsächlich um die »alte Überlieferung geht, die ein Ort aufzuweisen hat, so ist fraglich, ob Rom in dieser Angelegenheit wirklich Hort aller Traditionen ist. Jesus wurde trotz allem nicht in Rom, sondern im Heiligen Land, in Bethlehem, geboren. Und so findet sich in einer Predigt des Hieronymus, die er Anfang des fünften Jahrhunderts in Bethlehem gehalten hat, ein entrüsteter Kommentar. Er erwähnt, daß die Christen in Jerusalem und in Bethlehem das Weihnachtsfest am 25. Dezember ablehnen. Als Begründung führen sie an, daß Jesus bei ihnen geboren wäre. Daher müßten sie besonders gut über die Daten Bescheid wissen: und der 25. Dezember war nach ihren Informationen nicht dieser Tag.

Doch Johannes Chrysostomos wartet gar nicht lange ab. Noch bevor sich seine Zuhörer Gedanken machen können, noch bevor sie Zeit haben, die Schwächen seiner Argumentation genauer unter die Lupe zu nehmen, eilt er weiter zu seinem dritten und letzten Argument.

Johannes Chrysostomos will auf der Grundlage des biblischen Berichtes den Geburtstag Jesu berechnen. Ein gewagtes Unterfangen, sind doch die beiden Evangelien, in denen sich überhaupt etwas über die Geburt und die Kindheit Jesu finden läßt, nicht gerade überladen mit historischen Anhaltspunkten: »Merkt nun auf, so bitte ich: jetzt lege ich euch einen verläßlicheren Beweis vor.« Die Hörer waren sicher gespannt – und dann entweder erstaunt oder gar enttäuscht. Denn der Redner beginnt, über den salomonischen Tempel zu sprechen. So mancher seiner Zuhörer wird verständnislos aufgehorcht haben. Gerade eben noch hatte der Prediger versprochen, jetzt den wichtigsten Beweis vorzubringen, um dann auf ein Ereignis zu sprechen zu kommen, das viele Jahrhunderte vor Christi Geburt stattgefunden hat. Er erzählt die biblische Geschichte vom Bau des Tempels nach und spricht über die Symbolik dieses Gotteshauses. Das Allerheiligste, so führt er weiter aus, versinnbildlicht den Himmel. Dort durfte nur der Hohepriester eintreten, und das nur einmal im Jahr. Um den Zuhörern den Aufbau des Tempels noch einmal zu verdeutlichen, zitiert er einen Abschnitt aus dem Brief an die Hebräer (Hebr. 9,2–7): »Denn es war da aufgerichtet die Stiftshütte: der vordere Teil, worin der Leuchter war und der Tisch und die Schaubrote, und er heißt das Heilige; hinter dem zweiten Vorhang aber war der Teil der Stiftshütte, der das Allerheiligste heißt. Darin waren das goldene Räuchergefäß und die Bundeslade, ganz mit Gold überzogen; in ihr waren der goldene Krug mit dem Himmelsbrot und der Stab Aarons, der gegrünt hatte, und die Tafeln des Bundes. Oben darüber aber waren die Cherubim der Herrlichkeit, die überschatteten den Gnadenthron. Von diesen Dingen ist jetzt nicht im Einzelnen zu reden. Da dies alles so eingerichtet war, gingen die Priester allezeit in den vorderen Teil der Stiftshütte und richteten den Gottesdienst aus. In den anderen Teil aber ging nur einmal im Jahr der Hohepriester, und das nicht ohne Blut, das er opferte für die unwissentlich begangenen Sünden, die eigenen und die des Volkes.«

Nach diesem Zitat fährt der Prediger fort: »So siehst du nun, daß nur der Hohepriester hineinging, und auch dieser nur einmal im Jahr.« Nach diesen, eher langatmigen Ausführungen beschwichtigt der Redner die Gemeinde, daß sie sich nur noch ein wenig gedulden möge. Vielleicht hatte sich bereits Unruhe in der Kirche bemerkbar gemacht?

Schließlich erwarteten seine Zuhörer bereits seit einiger Zeit die Antwort auf die Frage, die allen auf den Nägeln brannte: Warum überhaupt Weihnachten feiern? Johannes Chrysostomos antwortet auf diese unausgesprochene Frage: »Was soll das nun alles, sagen sie, für unseren Tag bedeuten? Harrt noch etwas aus und macht keine Unruhe! Ganz vom Ursprung her untersuchen wir die Angelegenheit. Und von dort eilen wir direkt zum Mittelpunkt. So wird euch das Ganze klar und einsichtig.« Um die Zuhörer nun unmittelbar zum Kern des Problems zu führen, sagt er: »Im sechsten Monat war Elisabeth und erwartete die Geburt des Johannes, als Maria empfing. Wenn wir also in Erfahrung bringen können, wann dieser sechste Monat war, dann wissen wir auch, wann Maria empfing. Vom Zeitpunkt der Empfängnis aus läßt sich der Termin der Geburt leicht berechnen. Wir müssen nur neun Monate von der Empfängnis aus weiterzählen.«

Dieser Vorschlag scheint im ersten Augenblick eine reine Verschiebung des Problems zu sein. Ob man nun den Augenblick der Empfängnis für Jesus oder für Johannes ermittelt, scheint gleich schwierig. Der Prediger glaubt jedoch, daß der biblische Bericht hier Anhaltspunkte zu geben vermag (Lk. 1,5–10): »Zu der Zeit des Herodes, des Königs von Judäa, lebte ein Priester von der Ordnung Abija, mit Namen Zacharias, und seine Frau war aus dem Geschlecht Aaron und hieß Elisabeth. Sie waren aber alle beide fromm vor Gott und lebten in allen Geboten und Satzungen des Herrn untadelig. Und sie hatten kein Kind; denn Elisabeth war unfruchtbar und beide waren hochbetagt. Und es begab sich, als Zacharias den Priesterdienst vor Gott versah, da seine Ordnung an der Reihe war, daß ihn nach dem Brauch der Priesterschaft das Los traf, das Räucheropfer darzubringen; und er ging in den Tempel des Herrn. Und die ganze Menge des Volkes stand draußen und betete zur Stunde des Räucheropfers. Da erschien ihm der Engel des Herrn und stand an der rechten Seite des Räucheraltars.« Dieser Engel verkündet dann dem Zacharias, daß er einen Sohn haben wird. Weil Zacharias ungläubig ist – schließlich ist seine Frau schon alt, wie soll es da geschehen, daß sie noch ein Kind bekommt? – wird er vom Engel mit Stummheit geschlagen, bis die Weissagung in Erfüllung gegangen ist.

Aus diesem Bericht folgert Johannes Chrysostomos, daß sich Zacharias im Allerheiligsten aufhielt, als er die Botschaft des Engels erhielt. Dann wäre er aber Hoherpriester gewesen, denn nur dieser trat einmal jährlich in das Allerheiligste ein. Das Geschehen, auf das sich der Prediger bezieht, wird im Buch Levitikus (Lev. 16,29–39) beschrieben: »Auch soll euch dies eine ewige Ordnung sein: Am zehnten Tage des siebenten Monats sollt ihr fasten und keine Arbeit tun, weder ein Einheimischer noch ein Fremdling unter euch. Denn an diesem Tage geschieht eure Entsühnung, daß ihr gereinigt werdet; von allen euren Sünden werdet ihr gereinigt vor dem Herrn. Darum soll es euch ein hochheiliger Sabbat sein und ihr sollt fasten. Eine ewige Ordnung sei das. Es soll aber solche Entsühnung schaffen ein Priester, den man gesalbt und dessen Hände man gefüllt hat, daß er Priester sei an seines Vaters statt. Und er soll die leinenen Kleider anlegen, die heiligen Kleider, und soll so entsühnen das Allerheiligste, die Stiftshütte, den Altar, die Priester und alles Volk der Gemeinde. Das soll euch eine ewige Ordnung sein, daß ihr Israel einmal im Jahr entsühnt wegen aller seiner Sünden. Und Aaron tat, wie der Herr es Mose geboten hatte.«

Zu dieser Stelle bemerkt der Prediger, daß hier die Vorgänge während des Laubhüttenfestes beschrieben werden. Ganz korrekt handelt es sich um den Versöhnungstag, der fünf Tage vor dem Laubhüttenfest gefeiert wird. Falls nun Zacharias den Engel tatsächlich am Versöhnungstag gesehen hätte, wäre das ein Tag gegen Ende des Monats September gewesen*.

Aufbauend auf dieser Annahme ist dann die weitere Argumentation für den Prediger sehr einfach. Gegen Ende September, also um den 25. des Monats, wurde die Geburt des Johannes vorhergesagt. Von dieser Annahme ausgehend, hat er nur der Verkündigungsgeschichte zu folgen (Lk. 1,34–37): »Da sprach Maria zu dem Engel: Wie soll das zugehen, da ich doch von keinem Mann weiß? Der Engel antwortete und sprach zu ihr: Der Heilige Geist wird über dich kommen, und die Kraft des Höchsten wird dich überschatten; darum wird auch das Heilige, das geboren wird, Gottes Sohn genannt werden. Und siehe, Elisabeth, deine Verwandte, ist auch schwanger mit einem Sohn, in ihrem Alter, und ist jetzt im sechsten Monat, von der man sagt, daß sie unfruchtbar sei. Denn bei Gott ist kein Ding unmöglich.«

Elisabeth ist also bereits im sechsten Monat schwanger – somit hat nach der Rechnung des gelehrten Predigers die Verkündigung Jesu am 25. März stattgefunden und seine Geburt entsprechend neun Monate später: am 25. Dezember. Der Prediger hat mit dieser Argumentation sicherlich seine Hörer verblüfft.

Die Rechnung ist genial. Die Überlegungen, die zu dieser Rechnung geführt haben, weisen allerdings einen kleinen, jedoch entscheidenden Haken auf: alles hängt davon ab, ob Zacharias tatsächlich Hoherpriester war und sich bei der Erscheinung des Engels im Allerheiligsten

* Da der jüdische Kalender die Monate nach dem Mond zählt, fallen die einzelnen Tage in den verschiedenen Jahren auf unterschiedliche Tage des Gregorianischen Kalenders. Diese Problematik zeigt sich bis heute in dem jährlich wechselnden Datum des Osterfestes, dessen Berechnung sich an die Berechnung des Termins für das Pascha-Fest anlehnt, das jedoch nicht mehr auf den 14. Nisan fällt, sondern auf den Sonntag danach.

aufgehalten hat. Jedenfalls ist die Beweisführung so überzeugend, daß eine ganze Reihe von Forschern – auf der Argumentation dieser Predigt aufbauend – den Nachweis versuchen, daß es keinen direkten Zusammenhang zwischen der Wintersonnenwende, einem heidnischen Sonnenkult und dem christlichen Weihnachtsfest geben kann: denn der Termin des Weihnachtsfestes wurde aufgrund biblischer Quellen errechnet und auf dieser Rechnung aufbauend wurde das Fest eingeführt.

Johannes Chrysostomos legt die biblische Geschichte in einer Weise aus, die eindeutig dem Sinn des Textes widerspricht. Ganz offensichtlich will er etwas finden, weil er es für seine Interpretation der Stelle benötigt. In der Bibel steht ausdrücklich, daß Zacharias an der Reihe war und das Rauchopfer darbringen mußte. Dieser turnusmäßige Dienst wurde abwechselnd ausgeübt, das Rauchopfer wurde täglich im Tempel dargebracht. Nirgends findet sich auch nur ein einziger Hinweis in der Bibel, daß Zacharias Hoherpriester gewesen wäre. Und wir dürfen annehmen, daß sich im Neuen Testament oder in außerbiblischen Quellen Belege finden ließen, wenn Zacharias tatsächlich Hoherpriester gewesen wäre – und so darf man mit gutem Recht folgern, daß Zacharias ein gewöhnlicher Priester aus dem Stamm Levi war, der am Tempel seinen Dienst versah, »da seine Ordnung an der Reihe war« (Lk. 1,8). Damit fällt das wunderschöne Gebäude des Predigers in sich zusammen – zurück bleibt Verwunderung darüber, daß Johannes Chrysostomos mit derartiger Beredsamkeit und Energie seine Gläubigen zu überzeugen sucht. Er möchte, so hat man den Eindruck, das Weihnachtsfest auf Biegen und Brechen in Antiochien einführen. Ob er selbst von seinen Überlegungen überzeugt war? Wir wissen es nicht.

Nur, kann diese Argumentation tatsächlich ausreichen, um ein Geburtsfest Jesu genau am 25. Dezember in der

Kirche einzuführen? Selbst wenn Johannes Chrysostomos von seinen Überlegungen überzeugt gewesen sein sollte, reicht diese Berechnung tatsächlich aus, um dies auf einen bestimmten Tag zu legen? Die weitere Geschichte dieser Beweisführung scheint auf das Gegenteil hinzuweisen. Es gibt einige weitere Belege dafür, daß diese Argumentation in späterer Zeit wieder aufgegriffen wurde. Mit Abstand am Interessantesten ist dabei ein Werk eines gelehrten Armeniers. Hierbei muß vorausgeschickt werden, daß das Weihnachtsfest in Armenien nie wirklich Wurzeln schlagen konnte. Ja, es ist wissenschaftlich umstritten, ob dieses Fest überhaupt jemals in Armenien gefeiert wurde. Ananias von Shirak, auch Ananias der Rechner genannt, war ein gelehrter Armenier, der im siebten Jahrhundert wirkte. In einer Abhandlung führt er den Nachweis, daß Epiphanie und nicht Weihnachten das wirkliche Geburtsfest Jesu sei. Seine Argumentation ist verblüffend einfach: Er stimmt grundsätzlich der Beweisführung des Johannes Chrysostomos zu und wiederholt sie, ohne seine Quelle näher zu bezeichnen. Ja, er bestätigt sogar ausdrücklich, daß um den 25. September der Engel dem Zacharias erschienen ist. Aber – und hier wandelt er geschickt die Argumentation ab – dieser mußte ja erst noch zwei Wochen in Jerusalem Dienst im Tempel leisten, bevor er zu seiner Frau Elisabeth »in das Gebirge zu der Stadt in Juda« (vgl. Lk. 1,35) zurückkehren konnte. Und erst dann konnte es ja zu der verheißenen Empfängnis kommen. Eine kleine, rein »technische« Überlegung – schließlich ist ja bei der Erscheinung des Engels nur von einer Geburt, nicht jedoch von einer Jungfrauengeburt die Rede – welche die Empfängnis vom 25. September auf die Zeit um den 6. Oktober verschiebt. Und schon hat sich alles Weitere ebenfalls verschoben, Jesu Verkündigung geschieht am 6. April und seine Geburt am 6. Januar.

Diese Argumentation läßt sich also für zwei verschiedene Festtermine verwenden. Gleichzeitig darf es als gesichert gelten, daß Zacharias sicher nicht Hoherpriester war. Diese beiden Argumente zeigen, daß es als unwahrscheinlich gelten darf, daß gerade diese Berechnung zur Einführung des Weihnachtsfestes geführt haben sollte. Sie ist nichts anderes als eine nachträgliche Legitimation einer vollendeten Tatsache: Weihnachten wurde bereits seit geraumer Zeit im Westen des römischen Reiches gefeiert, und Johannes Chrysostomos wollte mit aller Kraft seine Gemeinde überzeugen, daß dieses Fest auch in Antiochien gefeiert werden muß. Zu diesem Zweck kam ihm diese Beweisführung gerade recht.

Der Bischof und die Wahrheit

Es drängt sich eine Frage auf: Darf man überhaupt Johannes Chrysostomos unterstellen, daß er hier seine Gemeinde von angeblichen historischen Tatsachen unterrichtet hat, an die er selbst vielleicht gar nicht glaubte? Heißt das nicht, ihm eine Lüge vorzuwerfen? Das paßt nicht unbedingt in das Bild, das man von einem Vertreter der Kirche in den ersten Jahrhunderten hat. Doch nicht nur das, Johannes Chrysostomos war ja nicht einfach irgendein Bischof im 4. Jahrhundert, er war ein bedeutender Kirchenvater, er wird als Heiliger verehrt. Nach unserem Verständnis ist eine Lüge eine bewußt unwahre Aussage mit der Absicht, andere zu täuschen. Johannes Chrysostomos sieht die Sache nicht so eng. Erhalten ist eine Auseinandersetzung mit seinem Freund Basilius, der sich darüber beklagte, von Chrysostomos getäuscht worden zu sein. Dieser antwortet ihm darauf: Ein listiger Kunstgriff ist nicht immer verwerflich. Er werde erst durch die Absicht derer, die sich eines solchen Tricks bedienen, gut oder schlecht. Man darf keine niedrigen Motive haben, die einen dazu veranlassen, einen anderen Menschen zu täuschen. Wenn es allerdings um das Wohl des Zuhörers geht, dann darf man ihn täuschen. Mehrere Kirchenväter neben Johannes Chrysostomos führen hier als Beispiel die Lüge eines Arztes an, der seinem Patienten den wirklichen Zustand verheimlicht, um ihm das Leben angenehmer zu machen. Auch der Zeitpunkt sei wichtig. Wenn also die Absicht gut und der Zeitpunkt richtig ist, so meint Johannes Chrysostomos, dann könne eine Lüge einen so großen Gewinn zur Folge haben, daß man berechtigt ist, sie zu verwenden*. Allerdings, auch das sollte man im Blick behalten, ist dies ein gefährliches Mittel, das nur angewendet werden darf, wenn es sich lohnt, da eine zu häufige Anwendung einer Täuschung zur Verunsicherung der Zuhörer führt. Dies erklärt, warum er den Gewinn betont, den eine Lüge haben muß, damit sie gerechtfertigt ist. Diese Haltung des Johannes Chrysostomos läßt natürlich die Zweifel an seiner Argumentation größer werden. Wenn er eine Unwahrheit für berechtigt hält, die keinen Schaden anrichtet, wenn sie dabei auch noch einen großen Vorteil in einer Situation verschafft, in der dieser Vorteil nicht zum Nachteil für jemand anderen wird, dann darf man schon fragen, ob dies nicht auch für seine Weihnachtspredigt gilt. Er bringt dabei Argumente, die sich bei genauerer Untersuchung als nicht fundiert erweisen. Aber, das muß man dem wortgewaltigen Kirchenvater zugestehen, er hat es geschafft, daß die Gemeinde ohne Murren das Fest übernommen hat. Und davor hat es, das wird ja in der Betrachtung der Predigt deutlich, sehr

---

* Vgl. hierzu A. D. Baum, Pseudepigraphie und literarische Fälschung im frühen Christentum, Tübingen 2001 (WUNT 2. Reihe 138), 168.

viele Stimmen in der Gemeinde gegeben, die sich gegen eine Einführung des Festes erhoben. Fühlte sich Johannes Chrysostomos berechtigt, seinen Zuhörern diese Argumente zu unterbreiten, weil er damit seine Gegner zum Schweigen bringen konnte?

Johannes Chrysostomos war grundsätzlich auf dem richtigen Weg: Die ältesten Quellen – und damit die ersten beiden Kapitel des Lukas- und des Matthäusevangeliums – sind die wichtigsten Quellen für jede historische Fragestellung in diesem Bereich.

König, Statthalter und Sterndeuter

Verschiedenes wird in der Bibel erwähnt, das sich vielleicht zu Argumenten für einen bestimmten Zeitpunkt der Geburt Jesu zusammenfassen läßt.

Das Matthäusevangelium erwähnt einen König Herodes, der in Jerusalem herrschte (Mt. 2,1ff). Zu ihm kamen Weise aus dem Morgenland, um nach dem neugeborenen König zu fragen. König Herodes der Große – und dieser muß der betreffende Herodes gewesen sein – starb im Jahr 4 v. Chr. Sein Nachfolger war Archelaos. Falls Jesus nun zur Zeit des Königs Herodes geboren wurde, so muß man annehmen, daß dies einige Zeit vor dessen Tod geschah. Schließlich ließ er alle Kinder – vom Neugeborenen bis zum Zweijährigen – töten (Mt. 2,16). Somit darf man aus der Erwähnung dieses jüdischen Herrschers schließen, daß Jesus irgendwann zwischen ca. 8 und 5 v. Chr. geboren wurde. Ein späterer Zeitpunkt, der die historische Geburt Jesu in größere Nähe zu unserer Zeitrechnung brächte, scheint ohne Zuhilfenahme weiterer Anhaltspunkte ausgeschlossen. Gleichzeitig würde ein späterer Zeitpunkt dieser biblischen Notiz widersprechen.

Nach dem Lukasevangelium spielt eine Volkszählung eine entscheidende Rolle, ist sie doch überhaupt erst der Grund dafür, daß Jesus in Bethlehem geboren wurde, obwohl die Heimatstadt seiner Eltern Nazareth war (Lk. 2,1–7): »Es begab sich aber zu der Zeit, daß ein Gebot von dem Kaiser Augustus ausging, daß alle Welt geschätzt würde. Und diese Schätzung war die allererste und geschah zu der Zeit, da Quirinius Statthalter in Syrien war. Und jedermann ging, daß er sich schätzen ließe, ein jeder in seine Stadt. Da machte sich auf auch Josef aus Galiläa, aus der Stadt Nazareth, in das jüdische Land zur Stadt Davids, die da heißt Bethlehem, weil er aus dem Hause und Geschlechte Davids war, damit er sich schätzen ließe mit Maria, seinem vertrauten Weibe, die war schwanger. Und als sie dort waren, kam die Zeit, daß sie gebären sollte. Und sie gebar ihren ersten Sohn und wickelte ihn in Windeln und legte ihn in eine Krippe, denn sie hatten sonst keinen Raum in der Herberge.«

Der Bericht enthält zwei wichtige historische Hinweise: eine Volkszählung »der ganzen Welt« sowie ein römischer Statthalter der Provinz Syrien werden erwähnt. Die Volkszählung allein gibt Rätsel auf: Es gibt keinen historischen Anhaltspunkt dafür, daß tatsächlich eine Zählung des ganzen römischen Volkes kurz vor oder um die Zeitenwende vorgenommen worden wäre. Und wenn es tatsächlich doch eine derartige Zählung gegeben haben sollte, so stellt sich die zusätzliche Frage, ob man auch in Judäa das Volk gezählt hätte – schließlich gehörte es zum damaligen Zeitpunkt noch gar nicht zum römischen Reich. König Herodes hätte zwar mit großer Wahrscheinlichkeit auch die Bewohner von Judäa zählen lassen, wenn dies römischer Wunsch gewesen wäre. Da eine derartige Zählung jedoch zum damaligen Zeitpunkt keine Mehreinnahmen für Rom bedeutet hätte, bleibt zu fragen, warum Rom den König Herodes um eine solche Schätzung überhaupt bitten sollte*. So vermuten viele moderne Exegeten, daß diese Erzählung ein ganz anderes Ziel hat als über ein historisches, weltpolitisches Ereignis zu berichten. Lukas, der sein Evangelium etwa um das Jahr 80 n. Chr. schrieb, dürfte selbst eine ganze Reihe von Volkszählungen erlebt haben. Er benötigt eine Begründung dafür, daß Jesus zwar in Nazareth aufgewachsen ist, daß er aber trotzdem in Bethlehem, der Davidstadt, geboren wurde. Die regelmäßig wiederkehrende Volkszählung gibt ihm eine schlüssige Erklärung an die Hand, warum Josef sich mit der hochschwangeren Maria auf die Reise machen mußte. Vom modernen Geschichtsbewußtsein geprägt, möchte man Lukas der Geschichtsfälschung bezichtigen. Doch nichts liegt ihm ferner. Er erzählt nach alter Tradition eine Geschichte und gestaltet sie so, daß seine Hörer die Botschaft verstehen. Und Kern zum Verständnis dessen, was Lukas mit dieser Erzählung seinen Hörern und Lesern verdeutlichen will, ist nicht, wann genau die erste Zählung des gesamten Römischen Reiches stattgefunden hat. Nein, eine profane Macht, die einzige damalige Weltmacht, die sogar als Bedrohung Israels empfunden wurde – Jerusalem war nach Meinung der meisten Neutestamentler wenige Jahre vor der Niederschrift des Lukasevangeliums von den Römern erobert und der Tempel zerstört worden – eine derartige feindliche Macht muß mitwirken, daß der Sohn Davids tatsächlich in Bethlehem, der Stadt Davids, das Licht der Welt erblickt. Lukas möchte damit zum Ausdruck bringen, daß Weltgeschichte und Heilsgeschichte zusammengehören. Ihm deswegen fehlendes Geschichtsverständnis vorzu-

* Immerhin wurde Judäa erst im Jahr 6 nach Christus zur römischen Provinz, zu einem Zeitpunkt also, als König Herodes bereits seit fast einem Jahrzehnt verstorben war.

werfen, wäre die falsche Reaktion. Doch gleichzeitig muß man anerkennen, daß die im Lukasevangelium erwähnte Volkszählung keinen Hinweis auf das Geburtsjahr Jesus zu geben vermag.

Doch auch der von Lukas erwähnte Statthalter ist ein unsicherer Kandidat. Allgemein wird in der Forschung ein Publius Sulpicius Quirinius mit dem von Lukas erwähnten Statthalter identifiziert. Dieser wirkte tatsächlich in Syrien – allerdings in der Zeit zwischen 6 und 7 n. Chr. In den Jahren 9 bis 6 v. Chr. amtierte ein gewisser S. Sentius Saturninus. Ihm folgte P. Quintilius Varo, der bis 4 v. Chr. im Amt war. Als mögliche Lösung bleibt, daß sich Lukas entweder in der Person des Statthalters geirrt hätte oder daß es ihm tatsächlich nicht auf eine hundertprozentige Genauigkeit der Angaben ankommt. Lukas erwähnt (Lk. 3,23), daß Jesus bei seiner Taufe etwa 30 Jahre alt war. Die Taufe fiel wahrscheinlich in das Jahr 28/29 n. Chr. Falls diese Altersangabe in etwa zutreffend war, so spricht auch sie gegen einen zu späten Termin der Geburt Jesu.

Statthalter und Volkszählung können also selbst bei der Bestimmung des Geburtsjahres keine Hilfe leisten. Und so bleiben die Magier aus dem Osten: Die Sterndeuter machten sich auf, weil eine himmlische Erscheinung, »ein Stern«, die Veränderung der Welt verhieß: Ein König soll geboren werden, und sie ziehen hin, um ihm zu huldigen. Und so hat die Suche nach dem Stern von Bethlehem über Jahrhunderte hinweg die Astronomen beschäftigt. Was, so fragten sie, mag die Sternenkonstellation gewesen sein, welche die Weisen aus dem Osten veranlaßt hat, sich auf den Weg zu machen? Der Einwand, daß es sich nur um einen Mythos oder aber um ein Wunder gehandelt habe, greift zu kurz. Sternenbeobachtung war damals weit fortgeschritten, dienten doch die Sterne nachts der Orientierung und wurden häufig, wie bei den Sumerern, mit Göttern identifiziert. Im Matthäusevangelium (Mt. 2,2) findet sich eine Anspielung auf das 4. Buch Mose. Bileam – ebenfalls ein Weiser aus dem Osten – spricht dort (Num. 24,17): »Ich sehe ihn, aber nicht jetzt; ich schaue ihn, aber nicht von nahem. Es wird ein Stern aus Jakob aufgehen und ein Zepter aus Israel aufkommen.« Diese Weissagung wurde später auf den »neugeborenen König« hin ausgelegt, den die Magier suchten.

Eine Möglichkeit ist, daß eine Konjunktion verschiedener Planeten den »Stern von Bethlehem« gebildet hat. Am 17. Dezember 1603 war eine Konjunktion aus Jupiter und Saturn zu beobachten. Im darauffolgenden Frühling befand sich auch noch der Planet Mars in ihrer Nähe. Von dieser Beobachtung inspiriert veröffentlichte Johannes Kepler in seinem Buch »De Stella Nova« im Jahr 1606 die Vermutung, daß der Stern von Bethlehem möglicherweise auf eine derartige Konjunktion zurückzuführen sei. Nach der Rechnung Keplers wiederholt sich eine solche Konjunktion alle 805 Jahre – d. h. für das Jahr 7 v. Chr. ist so ein enges Zusammenlaufen von diesen drei Planeten zu erwarten. Diese Berechnungen Keplers wurden später bestätigt. Tatsächlich fand 7 v. Chr. dreimal eine Konjunktion von Jupiter und Saturn statt: am 29. Mai, am 29. September und am 4. Dezember. Im Februar des Jahres 6 v. Chr. rückte dann auch noch der Planet Mars in die Nähe der beiden Sterne, so daß sie ein Dreieck bildeten. Diese Konjunktion fand im Sternbild des Fisches statt – das als Sternbild mit dem Raum Babylonien, Syrien und Palästina in Verbindung gebracht wurde, während der Saturn als Stern der Juden galt.

Allerdings waren die drei Planeten, die im Februar 6 v. Chr. im Sternbild des Fisches zu sehen waren, nicht so eng beieinander, als daß sie das Bild eines einzigen Sternes ergeben hätten. Insofern darf die Frage gestellt werden, ob sie tatsächlich mit dem »Stern von Bethlehem« in Verbindung gebracht werden können. So werden auch zwei Kometen, die in den Jahren 5 und 4 v. Chr. für einige Tage sichtbar waren, als mögliche »Sterne von Bethlehem« angeführt. Daß der Fisch, und hier kommt ja das Sternbild des Fisches ins Spiel, ein Symbol der ersten Christen war, sei nur am Rande erwähnt*. Nach einer anderen Berechnung kam es am 17. April des Jahres 6 v. Chr. zu einer relativen Nähe von Merkur, Mars, Sonne, Jupiter, Mond, Saturn und Venus. Auch damit ließe sich der Stern von Bethlehem erklären.

Ist damit der Stern von Bethlehem identifiziert? Kann er durch diese Naturbeobachtungen sicher auf die Zeit zwischen 7 und 6 v. Chr. datiert werden? Nun, auch wenn anzunehmen ist, daß Jesus tatsächlich irgendwann um diese Zeit oder kurz danach geboren wurde, so ist doch darauf hinzuweisen, daß auch diese himmlische Erscheinung nicht sicher mit der Geburt Jesu in Verbindung gebracht werden kann. Gleichzeitig wurden außergewöhnliche Himmelserscheinungen zur damaligen Zeit sehr gerne mit weltpolitischen Ereignissen in Verbindung gebracht, und so muß die Möglichkeit in Erwägung gezogen werden, daß der Stern von Bethlehem nicht nur astronomische Wurzeln besitzt.

So bleibt nach der Untersuchung des biblischen Zeugnisses ein eher mageres Ergebnis: Jesus wurde mit großer Sicherheit vor dem Tod des Königs Herodes – also vor 4 v. Chr. – geboren. Da er wahrscheinlich einige Zeit vor dem Tod dieses jüdischen Herrschers geboren wurde, besteht die Möglichkeit, daß ein Zusammenlaufen der

---

* Der Fisch war ein so beliebtes Symbol bei den Christen, weil ein kurzes Bekenntnis in dieses Tier verschlüsselt werden konnte, indem man die ersten Buchstaben der Aussage »Jesus Christus, Gottes Sohn, Erlöser« (gr. *iēsous christos theou yos sōtēr*) zu dem griechischen Wort *Ichthys* (das heißt: Fisch) verband.

drei Planeten Mars, Saturn und Jupiter den »Stern von Bethlehem« gebildet hat. Es gibt keine historischen Hinweise dafür, daß um diese Zeit ein Quirinius Statthalter von Syrien war. Ebenfalls gibt es keine Hinweise für eine römische Volkszählung zu dieser Zeit. Mehr als ein ungefähres Geburtsjahr läßt sich beim besten Willen nicht aus den Evangelien ableiten, und so müssen wir uns nun der kirchlichen Tradition zuwenden.

s. auch dtv „Who's who in der Bibel" Seite 124

Die ersten Jahrhunderte

Die römischen Archive

Die Spurensuche im Neuen Testament hat zwar ein ungefähres Geburtsjahr Jesu zu Tage gefördert, über Monat und Tag seiner Geburt können wir dort jedoch nichts erfahren. Gleichzeitig gilt: Je jünger die geschichtlichen Quellen sind, um so weiter ist man vom Geschehen entfernt. Und so wird bei allen weiteren altkirchlichen Belegen, die etwas über Jahr und Tag der Geburt Jesu aussagen, die Frage gestellt werden müssen, aus welchem Grund sie sich überhaupt mit der Geburt Jesu beschäftigen. Bereits anhand der Erwähnung des römischen Statthalters in Syrien in Zusammenhang mit der Volkszählung, von der das Lukasevangelium erzählt, hatte sich gezeigt, daß selbst die Nennung einer historischen Persönlichkeit und eines historischen Ereignisses nicht unbedingt das Ereignis selbst meinen muß, sondern daß das Ziel einer solchen Erwähnung die Übermittlung einer Botschaft, die Interpretation eines Geschehens sein kann: Kernaussage dieser Bibelstelle ist ja, daß Jesu Geburt ein so zentrales Ereignis ist, daß selbst die profane Welt zu diesem Geschehen ihren Beitrag leistet. Jesus wird wegen des Zensus in der Davidstadt Bethlehem geboren. Für die Leser der Bibel war damit diese Geschichte ein Teil der Gesamtbotschaft. Diese losgelöst von ihrer Botschaft auf die »reine Historizität« zu untersuchen, wäre keinem antiken Leser des Lukasevangeliums in den Sinn gekommen. Die Erzählung von Jesu Verfolgung durch den König Herodes, von der im Matthäusevangelium berichtet wird, erinnert an Mose und seine Verfolgung durch den Pharao. Die theologische Bedeutung dieser Erzählung ist eindeutig: Mose hat sein Volk aus der Knechtschaft des Pharao herausgeführt. Jesus ist ein neuer Moses, der noch in viel größerem Maß für sein Volk Heil und Frieden bringt. Die theologischen Aussagen des Textes müssen für das Verständnis mitbedacht werden. Es ist charakteristisch für das Matthäusevangelium, daß diese Parallelen zwischen Jesus und Moses gezogen werden. Es sei nur auf die Bergpredigt verwiesen. Moses bringt vom Berg Sinai die Gesetzestafeln, Jesus verkündet auf einem Berg das neue Gesetz.

Dieser Problematik muß man sich natürlich besonders bewußt sein, wenn es sich um nicht mehr historisch nachweisbare Ereignisse handelt. Der biblische Bericht über den Zensus wurde ja doch allem Anschein nach rund achtzig bis neunzig Jahre nach den geschilderten historischen Ereignissen geschrieben – und somit zu einem Zeitpunkt, als bereits alle möglichen Augenzeugen schon lange verstorben waren. Insofern darf natürlich bei jeder späteren Quelle die Frage gestellt werden, ja ist es sogar notwendig zu fragen, warum in diesen Belegstellen auf einmal der genaue Tag der Geburt Jesu genannt wird, während selbst den Evangelien nicht einmal das genaue Geburtsjahr Jesu abzuringen ist. Und es muß hierbei genau gefragt werden, ob vielleicht theologische Interessen das Leitmotiv sind, daß hier plötzlich ein Geburtstag Jesu erwähnt wird – wobei nicht gesagt werden soll, daß theologische Überlegungen, die zu einer – scheinbar willkürlichen – Festsetzung eines Geburtstages Jesu führen mögen, deswegen schon abzulehnen sind, weil die historische Begründung für diese Festsetzung nicht nachvollzogen werden kann. Ja, vielleicht wird man sogar feststellen müssen, daß überhaupt keine historischen Anhaltspunkte für einen Termin der Geburt Jesu angeführt werden können.

Die Berufung auf den Zensus, die sich ja in der berühmten Predigt des Johannes Chrysostomos findet, hat eine lange Tradition. Die früheste Erwähnung findet sich in der sog. ersten Apologie des Justin (ca. 114–165), einer an den Kaiser Antoninus Pius und seine Söhne gerichteten Verteidigungsrede für das Christentum. Diese Schrift dürfte um das Jahr 150 n. Chr. entstanden sein. Justin erwähnt hier die Steuerregister, die unter Quirinius erstellt wurden (Apol. 1,34). Ihm geht es jedoch nicht um den Geburtstag Jesu, sondern nur um die objektivierbare Feststellung, daß Jesus tatsächlich unter den vom Lukasevangelium erwähnten Umständen geboren wurde. Eine weitere Erwähnung dieser Register findet sich bei Tertullian, der Ende des zweiten und Anfang des dritten Jahrhunderts in Karthago – nahe der heutigen Stadt Tunis – wirkte. Auch bei ihm werden nur die römischen Register erwähnt, ohne daß dabei ein genauer Geburtstag Jesu benannt würde (Adv. Marc. 4,7). Möglicherweise kannte Johannes Chrysostomos zumindest die Apologie des Justin und ließ sich von ihr inspirieren, die römischen Archive als Zeugen in seiner Predigt anzuführen. Allerdings sei nochmals betont, daß beide Belege keinen Tag und kein Jahr benennen. Gleichzeitig muß aus einem weiteren Grund zur Vorsicht gemahnt werden. Beide Belege sind erst in relativ später Zeit entstanden, der erste rund 155 Jahre nach dem tatsächlichen Ereignis. Und es muß die Frage gestellt werden, ob solche Akten einer Volkszählung – falls sie je existiert haben sollten – so lange in Rom aufgehoben wurden. Schließlich darf man nicht vergessen, daß im Juli 64 n. Chr. ein verheerendes Feuer in Rom wütete und über sechs Tage große Teile der Stadt in Schutt und Asche legte. Gerüchte besagten, daß Kaiser Nero dieses Feuer gelegt haben soll. Für den Brand wurden die Christen verantwortlich gemacht und deswegen in Rom von Nero verfolgt. Es ist anzunehmen, daß auch mögliche Archive einer Volkszählung, mit großer Wahrscheinlichkeit diesem Feuer zum Opfer gefallen sein dürften.

Ist deswegen die Berufung auf die Unterlagen der Volkszählung ein Zeichen, daß man Aussagen der Kirchenväter grundsätzlich mißtrauen muß? Sie berufen sich schließlich auf Aufzeichnungen, die möglicherweise nie existiert haben? Dies wäre wohl doch zu kurz gedacht. Schließlich dürfte Justin, bei dem sich ja zum ersten Mal eine solche Berufung auf staatliche Unterlagen findet, von der ihm geläufigen Praxis ausgegangen sein, daß Volkszählungen regelmäßig in den einzelnen Provinzen des römischen Imperiums vorgenommen werden. Von hier wird er den logischen Schluß gezogen haben, daß tatsächlich solche Unterlagen auch aus früherer Zeit in Rom liegen dürften. Schließlich sagt er nicht, daß er selbst in diese Unterlagen Einblick genommen habe.

Ein Zeuge des zweiten Jahrhunderts

Die älteste Erwähnung eines Geburtsdatums Jesu findet sich in Ägypten in einem Werk des Clemens von Alexandrien. Clemens war eine gelehrte und weitgereiste Persönlichkeit. Geboren wurde er um 140/150 in einem heidnischen Elternhaus – wahrscheinlich in Athen. Er unternahm weite Studienreisen nach Griechenland, Unteritalien, Syrien und Palästina, um sich dann in Alexandrien niederzulassen. Im Jahr 202 verließ er die Stadt und zog nach Jerusalem. Er starb um 220. Clemens erwähnt in seinem Werk »Stromata« – das heißt übersetzt »Teppiche«, einem »Gewebe verschiedenster Angaben« (wir würden dazu heute wohl »Spruchsammlung« sagen) – unter anderem Annahmen verschiedener Gruppierungen über diverse Daten aus dem Leben Jesu. Hierbei führt er gleich mehrere verschiedene Angaben über Geburtstage Jesu an – falls man den Text, wie einige Forscher behaupten, nicht noch ganz anders interpretieren muß.

Auch wenn die genaue Untersuchung der sich teilweise widersprechenden Angaben des Clemens auf den ersten Blick wie eine ermüdende Zahlenklauberei wirkt, so erscheint es doch sinnvoll, ihnen nachzugehen. Clemens ist, wie bereits gesagt, der erste, der ein genaues Datum für die Geburt Jesu erwähnt. Er erwähnt jedoch auch verschiedene andere Daten aus dem Leben Jesu, seine Taufe und seine Kreuzigung, und ordnet diese Daten in die Weltgeschichte ein. Die bei einer genauen Untersuchung erzielbaren Ergebnisse geben Aufschluß über die Art, wie in der damaligen Zeit mit Daten aus dem Leben Jesu umgegangen wurde. Sie geben damit auch Aufschluß über die Zuverlässigkeit beziehungsweise die Unzuverlässigkeit derartiger Angaben. Da jedoch ein Ansatz, das Weihnachtsfest zu begründen, darauf beruht, daß man annimmt, daß tatsächliche historische Informationen zu einer Einführung dieses Festes geführt hätten, scheint es notwendig, die doch etwas trockene Materie ausführlicher zu behandeln, da nur so gezeigt werden kann, was es damit auf sich hat.

Die umfassende Bildung des Clemens von Alexandrien wird auch in den Stromata deutlich, gibt er sich doch Mühe, möglichst umfassend die verschiedenen Meinungen zu einigen Daten aus dem Leben Jesu zu referieren. Mit eigenen Bemerkungen zu diesen Angaben ist er zurückhaltend, doch soll er selbst zu Wort kommen (Strom. 145,1–146,4):

»Geboren wurde unser Herr im 28. Jahr unter Augustus, als zum ersten Mal eine Volkszählung angeordnet wurde. Was im Lukasevangelium steht, ist wahr: Im 15.

Jahr des Kaisers Tiberius erging das Wort des Herrn an Johannes, den Sohn des Zacharias. Und weiter steht dort: »Jesus war, als er zur Taufe kam, etwa 30 Jahre alt.« Auch ist aufgeschrieben, daß er nur ein Jahr als Prediger auftreten sollte: »Der Herr sandte mich, das wohlgefällige Jahr des Herrn zu verkündigen.« Das sagt sowohl der Prophet wie das Evangelium. 15 Jahre des Tiberius und 15 Jahre des Augustus waren es, so ergeben sich die 30 Jahre, bis er litt. Von dem Tag, an dem er gelitten hat, bis zum Fall Jerusalems sind es 42 Jahre und 3 Monate, und vom Fall Jerusalems bis zum Tod des Commodus ergeben sich 122 Jahre, 10 Monate und 13 Tage. Das ergibt im Ganzen: von dem Tag, an dem der Herr geboren wurde, bis zu dem Todestag des Commodus 194 Jahre, ein Monat und 13 Tage. Da gibt es aber noch einige Übereifrige, die nicht nur das Jahr der Geburt unseres Herrn nennen, sondern sogar behaupten, daß sie den Tag kennen: sie sagen, es sei im 28. Jahr des Augustus der 25. Pachon gewesen. Die aber, die zu Basilides gehören, feiern auch den Tag seiner Taufe, indem sie die Nacht davor mit Lesungen verbringen. Sie sagen, daß diese im 15. Jahr des Kaisers Tiberius am 15. Tybi* stattgefunden hab. Einige jedoch nehmen den 11. dieses Monats als Tag der Taufe an. Sein Leiden habe, wie die einen tüftelnd meinen, im 16. Jahr des Kaiser Tiberius am 25. Phamenoth stattgefunden. Nach anderen war es am 25. Pharmuthi. Wieder andere sagen, der Erlöser sei am 19. Pharmuthi gestorben. Noch einmal andere behaupten, daß er am 24. oder 25. Pharmuthi gestorben sei.«

* *Tybi* (koptisch: *Tobe*) ist der Name für den fünften Monat des ägyptischen Jahres und bedeutet »das Opfer«. *Phamenoth* bezeichnet den siebten Monat und bedeutet »Monat des Amenophis«. *Pharmuthi*, der Name für den achten Monat, heißt »Monat der (Göttin) Renenutet«. *Pachon* bezeichnet den neunten Monat des ägyptischen Jahres und heißt »Monat des (Gottes) Chons«.

Clemens überfällt seine Leser mit einer Fülle von Informationen über die verschiedensten Tage aus dem Leben Jesu: Geburt, Taufe und Kreuzigung werden erwähnt und gleich noch in die Weltgeschichte eingeordnet. Und so soll der Versuch unternommen werden, die Angaben des gelehrten Weltreisenden ausführlicher zu kommentieren. Hierfür müssen jedoch zuerst einige grundsätzliche Daten geklärt werden:

1. Der Kaiser Augustus, in dessen 28. Regierungsjahr Clemens von Alexandrien die Geburt Jesu datiert, wurde 63 v. Chr. geboren. Er ist der Begründer des römischen Kaisertums. Als Caesars adoptierter Sohn wurde er 43 v. Chr. vom römischen Senat anerkannt. Bei der Adoption wurde ihm der Name Gaius Julius Caesar Octavianus verliehen. Im Jahr 31 v. Chr. wurde er durch den Sieg des Agrippa über Marcus Antonius und Kleopatra in der Schlacht von Actium zum Alleinherrscher. Er starb 14 n. Chr. Der Name Augustus – unter dem er der Nachwelt bekannt ist – wurde ihm als Ehrentitel im Jahr 27 v. Chr. vom römischen Senat verliehen. Der Titel bedeutet: geweiht, erhaben, majestätisch.

2. Sein Nachfolger war Tiberius – während seiner Regierungszeit wurde Jesus getauft und gekreuzigt. Er bestieg am 19. August 14 n. Chr. den Kaiserthron. Sein 15. Regierungsjahr, welches als das Jahr der Taufe Jesu gilt, dauerte also vom 19. August 28 bis zum 18. August 29 n. Chr.

3. Der Kaiser Commodus, von dem aus Clemens die Jahre und Tage bis zu Jesu Kreuzigung und bis zu seiner Geburt zurückrechnet, wurde am 31. August 166 n. Chr. bei Lavinium als Sohn des Kaisers Marcus Aurelius Antoninus geboren. Am 27. November 176 – also im Alter von gerade einmal 10 Jahren – wurde er von seinem Vater zum Mitherrscher erhoben. Dieser starb am 17. März 180. Mit etwas weniger als 14 Jahren regierte Commodus

bereits als Alleinherrscher, bis er am 31. Dezember des Jahres 192 im Bad erwürgt wurde.

Geburt Jesu nach Clemens

In einem ersten Schritt sollen die Angaben des Clemens zusammengefaßt werden, die er über den Geburtstag Jesu macht:

a) Clemens erwähnt die Volkszählung unter Quirinius. Über das Lukasevangelium hinaus führt er jedoch das 28. Regierungsjahr des Kaisers Augustus an. Nachdem die Jahre der Amtszeit des Augustus von seiner Alleinherrschaft an gezählt werden, kommen wir auf das Jahr 4/3 v. Chr. als Zeitraum, der als Geburtsjahr Jesu nach dieser Angabe in Frage kommt. Allerdings läßt sich diese Angabe mit der Erwähnung des Quirinius nicht in Einklang bringen, war dieser doch erst zwischen 6 und 7 n. Chr. Statthalter in Syrien.
Ergebnis: Volkszählung und Geburt Jesu im Jahr 4/3 v. Chr.

b) Clemens ermöglicht es jedoch auch, vom Tod des Commodus zurückzurechnen: Dieser starb, wie bereits erwähnt, am 31. Dezember 192. Von dort 194 Jahre, 1 Monat und 13 Tage zurückgerechnet, erhält man den 18. November des Jahres 3 v. Chr. – hier ist zu erwähnen, daß es das Jahr »Null« in der Zeitrechnung nicht gibt. Insofern folgt auf das Jahr 1 vor sofort das Jahr 1 nach der entsprechenden Zeitrechnung. Dies führt zu mathematisch schwierig nachvollziehbaren Ergebnissen, da man im Allgemeinen gewöhnt ist, die »Null« mit einzuplanen.
Ergebnis: Geburt Jesu am 18. November 3 v. Chr.

c) Gleichzeitig erwähnt er, daß einige Übereifrige behaupten, Jesus sei im 28. Jahr des Augustus am 25. Pachon geboren worden. Dies wäre der 20. Mai des Jahres 4/3 v.

Chr. Später verweist Clemens darauf, daß andere den 24. oder 25. Pharmuthi als Geburtstag Jesu ansehen. Diese – möglicherweise gnostischen – Gruppen halten also den 19. oder 20. April für den Geburtstag Jesu.
Ergebnis: 1. Geburtstag Jesu am 20. Mai – entweder 4 oder 3 v. Chr.
2. Geburtstag am 19./20. April (ohne Angabe des Jahres)

Taufe Jesu nach Clemens

Auch bezüglich der Taufe macht Clemens Angaben, die für unsere Fragestellung wichtig sind:

a) Mit dem Verweis auf das 15. Regierungsjahr des Tiberius spielt er auf das Lukasevangelium an. In diesem Jahr, so schreibt er, sei das Wort des Herrn an Johannes ergangen. Dieses 15. Jahr scheint Clemens direkt mit dem Jahr der Taufe Jesu in Zusammenhang zu bringen. Bei dieser Gelegenheit war Jesus, auch hier verwendet Clemens Angaben der Evangelien, 30 Jahre alt. Dieses 15. Jahr der Regierungszeit des Tiberius war das Jahr 28/29 n. Chr.
Ergebnis: Taufe Jesu 28/29 n. Chr.

Die Basilidianer, eine Gruppe von Gnostikern*, die nach ihrem Lehrer Basilides benannt sind, feiern die Taufe Jesu am 10. bzw. 6. Januar.
Ergebnis: Taufe Jesu nach den Basilidianern am 10./6. 1. 29 n. Chr. Folglich Kreuzigung Jesu ein (gutes) Jahr später: am Pascha 30 n. Chr., d. h. am 7. 4. 30 n. Chr.

Von der Taufe Jesu im Jahr 28/29 n. Chr. 30 Jahre zurückgerechnet ergibt das Jahr 3/2 v. Chr. Diese Angabe steht

* Als Gnostiker bezeichnet man die Anhänger der Gnosis. Das griechische Wort bedeutet »Erkenntnis«. Anhänger dieser Lehren versuchen, über die Erkenntnis zur Erlösung zu gelangen. Christlich geprägte Gnosis entsteht gegen Ende des ersten Jahrhunderts nach Christus. Leibfeindlichkeit und Selbsterlösung prägen diese Glaubenslehre.

in offensichtlichem Widerspruch mit dem von Clemens ins Spiel gebrachten 28. Regierungsjahr des Augustus als dem Geburtsjahr Jesu: dies ist das Jahr 4/3 v. Chr. Vom 28. Jahr des Augustus weitergerechnet kommt man in das Jahr 27/28 n. Chr. als dem Jahr der Taufe – und das wäre das 14. Jahr unter der Regierung des Tiberius. Allerdings sagt Clemens unter Anspielung auf das Lukasevangelium, daß Jesus bei seiner Taufe »so etwa« 30 Jahre war, während die 30 Jahre »erfüllt« wurden, als er starb. Da er von einem einzigen Jahr Predigttätigkeit Jesu ausgeht und offensichtlich annimmt, daß dieser bei seinem Tod genau 30 Jahre alt war, ist wohl unter »so etwa 30« das 29. Lebensjahr zu verstehen. Nach dieser Rechnung käme man aber auf das Jahr 2/1 v. Chr. – und wäre noch ein weiteres Jahr vom 28. Regierungsjahr des Augustus entfernt.

Ergebnis: Tod Jesu nach Clemens entweder am 7. 4. 30 n. Chr. – falls Jesus im 16. Regierungsjahr des Tiberius gekreuzigt wurde. Falls aber Jesu Tod nach diesem Bericht des Clemens noch in das 15. Regierungsjahr des Tiberius fallen sollte – was eher unwahrscheinlich ist –, wäre Jesus nach dieser Angabe bereits am 7. 4. 29 n. Chr. gestorben (der 7. 4. 30 und der 7. 4. 29 sind die errechneten Termine für den 14. des jüdischen Monats Nisan der beiden Jahre; an einem 14. oder 15. Nisan wurde Jesus nach biblischem Bericht gekreuzigt*). Clemens formuliert allerdings zu knapp, als daß man hier zu einem eindeutigen Ergebnis kommen könnte.

---

* Nach dem Bericht des Johannesevangeliums wurde Jesus an dem Tag gekreuzigt, an dem das Pascha-Lamm geschlachtet wurde. Dies wäre der 14. Tag des Nisan. Nach den drei anderen Evangelien aß Jesus mit seinen Jüngern noch dieses Lamm und wurde am folgenden Tag gekreuzigt. Das wäre der 15. Nisan.

Wenn man von hier die exakt 30 Jahre zurückrechnet, erhält man das Jahr 1 v. Chr. als Geburtsjahr Jesu.
Ergebnis: Geburtsjahr Jesu 1 v. Chr.

Clemens erwähnt in dem letzten Abschnitt, in dem er auch auf die Basilidianer Bezug nimmt, einige »Übereifrige«, welche den Tod Jesu auf das 16. Jahr des Tiberius auf den 25. Phamenoth bzw. den 25. Pharmuthi legen. Das wäre der 21. März bzw. der 20. April des Jahres 30 n. Chr. Einige weitere datierten auch auf den 19. Pharmuthi, den 14. April.
Ergebnis: Tod Jesu am 21. 3. oder 14./20. 4. 30 n.Chr.

Lebensdaten Jesu im Zusammenhang der Weltgeschichte

Vom Tod Jesu bis zum Fall Jerusalems waren es, wie uns Clemens berichtet, 42 Jahre und 3 Monate, und vom Fall Jerusalems bis zum Tod des Kaisers Commodus vergingen 122 Jahre, 10 Monate und 13 Tage. Das alles zusammengezählt ergibt vom Tod Jesu bis zum Tod des Commodus 165 Jahre, einen Monat und 13 Tage. Ferner berichtet Clemens, daß vom Geburtstag Jesu bis zum Tod dieses Kaisers 194 Jahre, ein Monat und 13 Tage vergingen.
Ergebnis: Geburt Jesu am 18. 11. 3 v. Chr.
Tod Jesu am 18. 11. 27 n. Chr.
Fall Jerusalems am 18. 2. 70 n. Chr.

Offensichtlich liegt bei diesen Angaben des Clemens, mit denen er das Leben Jesu in die Weltgeschichte einbindet, etwas im Argen. Jesus wurde sicher nicht im November gekreuzigt. Der jüdische Krieg begann letztlich mit den Unruhen im Jahr 66 n. Chr. und gipfelte in der Eroberung Jerusalems durch römische Truppen im Sommer 70 n. Chr. Kurz vor Ostern des Jahres 70 marschierten sie gegen Jerusalem, im Juli fiel die Burg Antonia, am 10. August wurde der jüdische Tempel in Jerusalem ein Opfer der Flammen, und am 8. September versanken die Befestigungen der Oberstadt in Schutt und Asche. Das bedeutet aber, daß Clemens bereits bezüglich des Falls der Stadt Jerusalem unkorrekte Angaben übernimmt.

Um die Angaben des Clemens zusammenzufassen:

1. Das *Geburtsjahr* liegt nach den Informationen des Clemens von Alexandrien zwischen 4 und 1 v. Chr., sicher ist jedoch, daß es sich nicht um unser Jahr 1 n. Chr. handelt.
2. Als mögliche *Geburtstage Jesu* benennt er:
   18. November 3 v. Chr. (inklusive falscher Angaben über den Fall Jerusalems)
   20. Mai – entweder 4 oder 3 v. Chr.
   19./20. April (ohne Angabe des Jahres)
3. *Taufe* Jesu
   10. bzw. 6. Januar. 29 n. Chr. (Basilidianer)
4. *Kreuzigung* Jesu
   7. 4. 29 n. Chr. – Tod im 15. Jahr des Tiberius
   7. 4. 30 n. Chr. – Tod im 16. Jahr des Tiberius
   Tod Jesu am 21. 3. oder 14./20. 4. 30 n. Chr.
   Tod Jesu am 18. 11. 27 n. Chr. (inklusive falscher Angaben über den Fall Jerusalems)

Aus diesen Angaben lassen sich mehrere Schlußfolgerungen ziehen. Die erste ist sicherlich, daß ihm unterschiedliche Quellen vorlagen, die er einfach nur zitiert. Ferner ist zu bemerken, daß der Kreuzigungstermin im November des Jahres 27 n. Chr., den Clemens von Alexandrien ja ganz offensichtlich anzugeben scheint, doch eher seltsam anmutet. Eigentlich sollte man von dem gelehrten Clemens annehmen, daß er weiß, daß das jüdische Pascha-Fest immer im Monat nach dem Frühlingsbeginn stattfindet.

Wenn also berücksichtigt wird, daß Jesus während eines jüdischen Pascha starb, so fällt auf, daß Kreuzigung und Geburt auf einen identischen Termin fallen. Damit liegt die Schlußfolgerung nahe, daß es das Anliegen der von Clemens zitierten Rückrechnung war, diese terminliche Übereinstimmung von Geburt und Kreuzigung Jesu zu erreichen. Falls diese Annahme stimmen sollte, so wäre nicht nur der Kreuzigungstermin, sondern auch der Geburtstermin falsch. Bei den anderen Angaben handelt es sich um Termine im Frühling, der 19./20. April kommt sogar als Paschatermin in Frage. Was liegt nun näher, als zu vermuten, daß Clemens angenommen hat, daß Jesus an einem Pascha geboren wurde, um dann auch während eines Pascha-Festes zu sterben? Wenn diese Vermutung stimmen sollte, wenn es also tatsächlich das Anliegen des Clemens (bzw. der von ihm zitierten Quellen) war, daß Jesus an einem Pascha geboren wurde und an genau diesem Fest starb, so läßt sich einerseits erklären, wie die von Clemens erwähnten »30 Lebensjahre Jesu, bis er litt«, zu verstehen sind. Gleichzeitig muß weiter erwähnt werden, daß gerade im zweiten und dritten Jahrhundert die Vorstellung einer »vollen Zahl von Jahren« eine wichtige symbolische Rolle gespielt hat. Diese »der Zahl nach erfüllten Jahre« hatten einerseits die Bedeutung der Vollkommenheit, der Erfüllung, andererseits verband man mit einer derartigen Erfüllung oftmals die Vorstellung, daß danach eine Wende geschieht. Zahlen hatten auch im christlichen Raum eine symbolische Bedeutung – es seien nur die zwölf Apostel erwähnt, die für die zwölf Stämme Israels stehen, und daß Jesus nach Clemens 30 Jahre alt wurde. Das zehnfache der Zahl drei, die ja in der Vorstellung vom einen Gott in drei Personen das Christentum durchwebt, bildet die Lebenszeit Jesu nach Clemens – und das ist sicher kein Zufall. Es lassen sich letztlich beliebig viele Beispiele finden für eine

Verbindung zwischen Zahlen und ihrer symbolischen Bedeutung. Auch dies scheint doch eher dafür zu sprechen, daß der von Clemens errechnete Termin im November, gerade weil das von ihm angegebene historische Datum abwegig ist, nur durch den symbolischen Gehalt der Aussage zu verstehen ist.

Altkirchliche Sprachverwirrung und moderne Interpretation

Nicht nur die Interpretation der Zahlen bereitet Schwierigkeiten. Auch auf der sprachlichen Ebene wirft der Text des Clemens Probleme auf, gibt es doch unterschiedliche Vorstellungen davon, wie zentrale Begriffe des Textes zu übersetzen sind. Eine Reihe von Forschern glaubt nun, daß Clemens von Alexandrien an dieser Stelle gar nicht von der Geburt Jesu sprach. Vielmehr sei angeblich die Empfängnis Jesu gemeint. Wenn diese nun im April stattgefunden hätte, könnte man damit nachweisen, daß bereits zu dieser Zeit, also lange vor der Einführung des Weihnachtsfestes, die Geburt Jesu nach allgemeiner Meinung in den Winter fiel. Nur, so die häufig gemachte Ausnahme, bei dem 18. 11. 3 v. Chr. handelt es sich tatsächlich um den Geburtstag und nicht um den Tag der Empfängnis. Schließlich, so diese Beweisführung, ist es ja nicht abwegig, sich über die Empfängnis Jesu Gedanken zu machen, das machen ja bereits die Evangelien.

Was ist von dieser Argumentation zu halten? Auf den ersten Blick scheint sie ja verlockend. Man braucht lediglich anzunehmen, daß die entsprechenden griechischen Begriffe die Empfängnis Jesu meinen, und schon findet sich weit mehr als 100 Jahre vor der tatsächlichen Feier des Geburtsfestes Jesu ein Nachweis, daß bereits damals angenommen wurde, daß die Geburt Jesu in den Winter fiel. Weihnachten hätte, wenn schon keine biblischen, dann doch altkirchliche Wurzeln, die so weit zurückgehen, daß ein Zusammenhang zwischen Weihnachten und heidnischen Festen wie dem Sol-invictus-Fest ausgeschlossen werden kann.

Ein verführerisches Argument. Alle Probleme, die durch die Vermutung verursacht wurden, daß ein heidnisches Fest von der Kirche übernommen worden sei, sind weggewischt. Und immerhin hat es in der Kirchengeschichte wiederholt Bestrebungen gegeben, das Weihnachtsfest abzuschaffen – gerade unter Berufung auf das theologische Problem, daß hier ein Zusammenhang zwischen einem heidnischen und einem christlichen Fest gegeben sei. Als fragwürdig oder sogar ablehnenswert erschien dieser Zusammenhang. Schließlich ist es ja im Ursprung ein heidnisches Fest, so die Begründung, und ein solches habe in der Kirche nichts zu suchen. Allen diesen Bestrebungen, die es vor allem im englischen Sprachraum gab, kann man mit diesem Verständnis des Textes bei Clemens von Alexandrien gut und fest entgegentreten.

Allerdings hat diese Annahme ihre Schwierigkeiten. Ohne hier genauer auf die Spitzfindigkeiten der griechischen Philologie einzugehen, sollen die theologischen Probleme dargelegt werden, die zu dieser Deutung des Textes geführt haben. Gleichzeitig soll die Frage gestellt werden, ob es nicht eine Fehldeutung ist, ob dem Text nicht durch diese Übersetzung Gewalt angetan wird.

Im Text des Lukasevangeliums wird mehrmals der griechische Spezialbegriff für »Empfängnis« verwendet. Der Autor dieses Evangeliums unterscheidet klar zwischen Empfängnis und Geburt und verwendet die von Clemens gebrauchten Begriffe, um das Geschehen der Geburt Jesu zu beschreiben. Insofern sollte die Sachlage aus biblischer

Sicht eigentlich eindeutig sein. Schwieriger wird es, wenn man sich Dokumente des 4. Jahrhunderts ansieht. Im sogenannten Glaubensbekenntnis von Nizäa (325 n. Chr.), das noch heute in der durch das Konzil von Konstantinopel erweiterten Form gebetet wird, heißt es in deutscher Übersetzung: »Gott von Gott, Licht vom Licht, wahrer Gott vom wahren Gott, gezeugt, nicht geschaffen, eines Wesens mit dem Vater.« Dem deutschen Begriff »gezeugt« entspricht das griechische Wort, das Clemens verwendet. Insofern, so die Argumentation, liegt es doch nahe, Clemens von Alexandrien so zu verstehen, daß Jesus an den angegebenen Daten gezeugt, d. i. empfangen wurde.

Nur, leider ist die Sachlage nicht so eindeutig. Wir bewegen uns bei dem zitierten Text, wie auch bei anderen Texten, in denen dieser griechische Begriff in späterer Zeit verwendet wird, im Rahmen von dogmatischen Auseinandersetzungen. Hohe Theologie soll hier auf den Punkt gebracht werden mit der Formulierung »gezeugt, nicht geschaffen«. Und hierbei ist sehr genau zu fragen, was gemeint ist und was nicht. Weiter ist die Frage zu stellen, ob diese Begrifflichkeit des 4. Jahrhunderts für Clemens im ausgehenden 2. Jahrhundert überhaupt von Interesse war.

Das zugrundeliegende griechische Wort hat die Grundbedeutungen »zeugen«, »erzeugen« und »hervorbringen«, »gebären«. Der griechische Text des Glaubensbekenntnisses setzt, so die deutsche Übersetzung des Glaubensbekenntnisses, nun »zeugen« und »schaffen« in Gegensatz zueinander. Dies geschieht übrigens auch bei der englischen Übersetzung. Was ist gemeint? Was im Deutschen mit »gezeugt, nicht geschaffen« übersetzt wird, sind Stichworte aus dem arianischen Streit, einer Auseinandersetzung in der Kirche, die in der ersten Hälfte des 4. Jahrhunderts besonders heftig vor sich ging. Hierbei ging es um die

Frage, ob Jesus ein erstes Geschöpf Gottes sei. Einer der arianischen Kampfrufe lautete: »Es gab eine Zeit, als er (d. i. Jesus) noch nicht war.« Dieser von den Anhängern des Arius behaupteten Erschaffung Jesu setzt die Kirche in ihrem Glaubensbekenntnis die Formulierung entgegen: »Gezeugt, nicht geschaffen«. Vor diesem Hintergrund wird wohl offensichtlich, daß es sich bei dieser Formulierung sicher nicht um die »Zeugung« im Sinne der »Empfängnis« handelt. Es ist vielmehr ein »Hervorgehen« gemeint, das von einer »Schöpfung« unterschieden wird.

Dieser Wirbel des arianischen Streites betrifft Clemens von Alexandrien nicht, lebte er doch mehr als 100 Jahre vor dieser Zeit. Und so nimmt er unvoreingenommen die biblischen Begriffe und verfaßt seinen Text. Jesus, so schreibt er, wurde »im 28. Jahr des Kaisers Augustus während der ersten Volkszählung hervorgebracht (d. i. geboren).« Daß er die Geburt Jesu meint und nicht seine Zeugung, scheint offensichtlich. Hier stellt sich die Frage: Gibt es weitere Anhaltspunkte, die darauf hinweisen, daß diese Interpretation richtig ist? Nun, das nizänische Glaubensbekenntnis gibt es auch in lateinischer Version. Und die lateinische Übersetzung verwendet für das entsprechende griechische Wort die Übersetzung: »Gott aus Gott, Licht aus Licht, wahrer Gott aus wahrem Gott, geboren, nicht geschaffen.« Dies ist die altkirchliche Übersetzung des griechischen Begriffs *gennēthenta*, den wir heute im Englischen wie im Deutschen mit »gezeugt« übersetzen. Insofern mag die Frage erlaubt sein, ob man nicht vorsichtig mit der Aussage sein sollte, daß Clemens hier die Empfängnis oder die Zeugung Jesu gemeint habe. Doch zerstört dieses Verständnis der Stelle bei Clemens von Alexandrien die Hoffnung, hier alte Wurzeln des Weihnachtsfestes gefunden zu haben.

Auf etwas Weiteres muß noch hingewiesen werden: Clemens von Alexandrien erwähnt, daß am 10. Januar die Basilidianer der Taufe Jesu gedenken, und er bemerkt in diesem Zusammenhang, einige aus dieser Sekte würden dies auch am 6. Januar tun. Zum Ablauf des Gottesdienstes sagt er: »Die aber, die zu Basilides gehören, feiern auch den Tag seiner Taufe (d. i. der Taufe Jesu), indem sie die Nacht davor mit Lesungen verbringen.« Das heißt, wir haben am Ende des 2. Jahrhunderts eine Gruppe von Gnostikern, die ein Tauffest Jesu feiern und den Tag mit einer Nachtwache am Vorabend beginnen. Es ist zumindest auffällig, daß das Epiphaniefest, das ja am 6. Januar gefeiert wird, in der östlichen Tradition der Taufe Jesu gedenkt, während in der westlichen Tradition dies das Fest der Heiligen Drei Könige ist. So wird dieser Tag auch als Dreikönigsfest bezeichnet. Es liegt nahe, eine Verbindung zwischen den beiden Festen zu vermuten.

Zwei Zeugen des dritten Jahrhunderts

Hippolyt von Rom

Schriften des Clemens von Alexandrien waren die einzige Quelle aus dem zweiten Jahrhundert, die mögliche Daten eines Geburtstages Jesu nennt. Er gehörte dem griechischen Sprach- und Kulturraum an. Auch der nächste Zeuge, selbst wenn er im Westen gelebt hat, ist diesem Kulturraum zuzuordnen. Es handelt sich um Hippolyt von Rom. Er wurde vor oder um 170 n. Chr. in Kleinasien oder Alexandrien geboren. Ab Ende des zweiten Jahrhunderts wirkte er in Rom. Wahrscheinlich war er eine Zeit lang Gegenbischof in Rom. Unter Kaiser Maximinus Thrax wurde er im Jahr 235 n. Chr. zusammen mit dem römischen Bischof Pontianus nach Sardinien verbannt. Von ihm sind eine Reihe von Schriften überliefert. Eine Chronik, ein Kommentar zum Buch Daniel und eine dem Hippolyt gewidmete Bildsäule, die im Jahr 1551 wieder aufgefunden wurde, sind für unsere Frage von Interesse.

Als erstes soll sein Danielkommentar zitiert werden (IV, 23,2–3): »Wenn man nämlich die Zeiten von der Erschaffung der Welt und von Adam an zusammenrechnet, dann erhalten wir das Gesuchte. Die erste Ankunft unseres Herrn im Fleisch, seine Geburt in Bethlehem nämlich, fand vier Tage vor den … des April, acht Tage vor den Kalenden des Januar an einem Mittwoch statt. Es handelt sich dabei um das zweiundvierzigste Jahr des Augustus, von Adam an gerechnet war es im 5500. Jahr. Gelitten hat er im 33. Lebensjahr, acht Tage vor den Kalenden des April. Es war an einem Freitag im 18. Jahr des Tiberius. Als Konsuln amtierten Rufus und Rubellius, Gaius Caesar zum vierten Male und Gaius Cestius Saturninus.« Sowohl die Lücke im Text wie auch die Doppelung bei der Angabe des Geburtstages Jesu zeigen, daß die Textüberlieferung dieses Werkes nicht ohne Probleme ist. Geschrieben wurde es von Hippolyt während der Christenverfolgung unter dem römischen Kaiser Septimus Severus, also um das Jahr 202 n. Chr. Die ältesten Abschriften dieses Werkes stammen jedoch erst aus dem 11. Jahrhundert. Die verschiedenen Handschriften erwähnen Unterschiedliches zum Geburtstag Jesu.

Hippolyt rechnet offensichtlich die Herrschaft des Augustus nicht von der Zeit seiner Alleinherrschaft an, wie dies Clemens von Alexandrien tat, sondern bereits von dem ersten Jahr seines Konsulates, das er im Jahr 43 v. Chr. angetreten hatte. So kommt Hippolyt auf das 42. Jahr des Augustus als das Jahr der Geburt Jesu, nach unserer Zeitrechnung handelt es sich um das Jahr 2 v. Chr. Als Geburtstag gibt eine Handschrift einen Tag im April an, eine andere Handschrift den 25. Dezember (= acht Tage vor den Kalenden des Januar). Als Todestag Jesu wird der 25. März angegeben. Sein Tod habe in seinem 33. Lebensjahr stattgefunden. Dies steht im Einklang mit dem 18. Jahr des Tiberius, das Hippolyt ebenfalls erwähnt. Nach diesen Angaben wäre Jesus im Jahr 32 n. Chr. gestorben. Dem widerspricht jedoch sowohl die Erwähnung der Konsuln Rufus und Rubellius – sie amtierten 29 n. Christus – und der Konsuln Gaius Caesar (4. Konsulatsjahr) und Gaius Cestius Saturninus – diese beiden amtierten 41 n. Chr.

Soweit, soviel der Verwirrung. Doch dies ist nicht der einzige Text, in dem Hippolyt auf die Geburt Jesu Bezug nimmt. In einer Weltchronik, die nur in lateinischer Übersetzung erhalten ist, findet sich ebenfalls an zwei Stellen ein Bezug zur Geburt Christi. Wichtig ist hierbei vor allem, daß an einem der beiden Belege von der *Nativitas*, der Geburt Christi, die Rede ist. Diese fand offensichtlich nach der Auffassung des Autors an einem Pascha statt, zählt doch Hippolyt an dieser Stelle die Jahre »von Pascha bis zu Pascha«. Die Geburt Jesu hat nach der Chronik des Hippolyt im Jahr 5500 seit der Erschaffung der Welt stattgefunden. Und zwar wurde Jesus nach dieser Schrift an einem Pascha geboren.

Auf einer Statue des Hippolyt, die aus sehr alter Zeit stammt, ist eine von ihm entwickelte Ostertafel erhalten. Derartige Tafeln wurden entworfen, um die Ostertermine bereits im voraus berechnen zu können. Für das 2. Jahr des sogenannten 1. Zyklus wird Ostern auf den Tag vier vor den Nonen des April datiert. Bei dieser Notiz findet sich die Bemerkung »Genesis« Christi.

Was ist damit gemeint? Die Ostertafel des Hippolyt beginnt mit dem Jahr 222 n. Chr. Ihr Zyklus dauert 112 Jahre. Als solches stellt sie einen »immerwährenden Osterkalender« dar. Von dem Jahr 223 (das ist das 2. Jahr des 1. Zyklus) muß man 224 Jahre (das doppelte von 112) abziehen, um zu dem Jahr zu gelangen, in dem die »Genesis« Christi an Ostern stattfand. Somit war der 2. April des Jahres 2 v. Chr. das Pascha, dem Hippolyt hier eine besondere Bedeutung beimißt.

Bevor der Frage nachzugehen ist, was nun Hippolyt eigentlich unter »Genesis« versteht – und auch hier gehen die Meinungen der Forscher auseinander – sei zuerst darauf hingewiesen, daß eine Überlieferung des Danielkommentars, der bereits zitiert wurde, durch die Ostertafel sinnvoll und gut ergänzt werden kann. Dort ging es ja um die »Ankunft im Fleisch, die Geburt in Bethlehem«. Ein nur noch fragmentarischer Text begann die Datierung vier Tage vor den ..., zu ergänzen ist nach der Ostertafel des Hippolyt wohl »den Nonen des April«. Damit wäre gleichzeitig auch ein Hinweis, wie die »Genesis« Christi zu verstehen ist. Es handelt sich, wenn die Ergänzung richtig sein sollte, um die Geburt Jesu, die nach der Vorstellung des Hippolyt am 2. April 2 v. Chr. stattfand.

Dieser Schluß ist jedoch umstritten. Viele versuchen, die Stelle bei Hippolyt anders zu interpretieren. »Genesis«, so meinen sie, bedeute »Empfängnis«. Als »Genesis« wird auch das erste Buch der Bibel bezeichnet. Dies deshalb, weil das griechische Wort in seiner Grundbedeutung »Ursprung« heißt. So gibt dieses Buch Auskunft über den »Ursprung« der Welt. Von dieser Bedeutung ergeben sich dann verschiedene weitere Bedeutungen, sie reichen von »Erzeugung«, »Entstehung« und »Geburt« bis hin zur »Verfertigung« eines Gewandes. Auch das »Geschöpf« kann mit diesem Wort bezeichnet werden. Für die Bedeutung »Empfängnis«, für die das Griechische ein eigenes Wort besitzt, ist kein Raum. Gleichzeitig ist noch einmal darauf hinzuweisen, daß eben gerade der Spezialbegriff für »empfangen« sehr wohl in der Bibel verwendet wird. So ist unverständlich, warum nicht dieses Wort aufgegriffen werden sollte, wenn ein bibelkundiger Gelehrter den Umstand der Empfängnis Christi beschreiben will.

So darf man die Belege bei Hippolyt wohl zu diesem Ergebnis zusammenfassen: nach Hippolyt wurde Jesus im Jahr 2 v. Chr. am 2. April geboren und starb volle 30 Jahre später (wieder an einem Pascha) am 25. März des Jahres 29 n. Chr.

Die »Berechnung des Pascha« aus dem Jahr 243 n. Chr.

Eine Schrift mit dem Namen »Berechnung des Pascha« (De pascha computus) aus dem Jahr 243 n. Chr. gibt weitere wichtige Hinweise für unsere Fragestellung. Das Jahr ihrer Entstehung ist bekannt, zugeschrieben wurde sie oft dem afrikanischen Bischof Cyprian von Karthago. Der tatsächliche Autor ist unbekannt. Aufgrund der Sprache hat es als sicher zu gelten, daß dieser lateinische Traktat in Nordafrika entstanden ist, finden sich doch in den verwendeten Bibelzitaten sprachliche Eigenheiten, die Nordafrika als Herkunftsgebiet nahelegen. Ziel dieses Traktates ist es, eine gegenüber Hippolyt verbesserte Berechnung des Osterzyklus vorzunehmen.

Auch im Rahmen dieser Berechnungen des Ostertermins findet sich wieder ein Hinweis auf die Geburt Christi (Kap. 19): »Wie herausragend und wunderbar ist die Vorhersehung des Herrn: Christus wurde nämlich gerade an jenem Tag geboren, an dem auch die Sonne erschaffen wurde. Dies war fünf Tage vor den Kalenden des April am vierten Tag der Woche. Und aus gerade diesem Grund sprach der Prophet Maleachi zum Volk: Aufgehen wird über euch die Sonne der Gerechtigkeit, und Heilung ist unter ihren Flügeln. Dieser ist die Sonne der Gerechtigkeit. Der Schutz, der unter seinen Flügeln zu finden ist, wurde vorausverkündet.« Das heißt: Nach diesem Text wurde Jesus an einem 28. März geboren.

Dieser Traktat, dessen Autor uns nicht überliefert ist, bringt zum ersten Male das Bild von der »Sonne der Gerechtigkeit« in Verbindung mit der Geburt Christi. Bereits in der oben beschriebenen Weihnachtspredigt des Johannes Chrysostomos wurde diese Bibelstelle erwähnt. Ungewöhnlich ist dabei jedoch der Tag, auf den die

Schöpfung der Sonne gelegt wird. Nicht der 25. Dezember, sondern der 28. März ist nach diesem Traktat der Tag der Erschaffung der Sonne. Wie ist dies zu verstehen? Das Sol-invictus-Fest wurde zwar unter Kaiser Eleagabal im Jahr 218 n. Chr. in Rom eingeführt, führte jedoch lange ein Schattendasein. Erst Kaiser Aurelian löste es im Jahr 274 n. Chr. aus dieser eher verborgenen Existenz – und fast ein halbes Jahrhundert davor war die Berechnung über das Osterfest bereits geschrieben. Offensichtlich war also um die Mitte des 3. Jahrhunderts der 25. 12. noch lange nicht der allgemein anerkannte Tag der Entstehung der Sonne, auch wenn Anfang des 3. Jahrhunderts dieses Fest aus dem Osten nach Rom gekommen war. Seine Wurzeln reichen viele Jahrhunderte zurück, wurde es doch in Persien bereits seit langem gefeiert.

Biblische Überlegungen sind es, die zu diesen Ausführungen den Anstoß gegeben haben. Ausführlich wird die Vorstellung, daß die Sonne im Frühling entstanden sein muß, in diesem Text begründet: Nach dem Schöpfungsbericht teilte Gott am ersten Schöpfungstag Tag und Nacht voneinander. Da Gott das, was er tut, genau tut, war dieser erste Tag der Schöpfung ein Solstitium, ein Tag, an dem die Nacht und der Tag genau gleich lang waren. Und da es der Beginn der Schöpfung war, muß es das Frühlingssolstitium gewesen sein. Nach biblischem Bericht wurden Sonne und Mond erst am vierten Schöpfungstag (Gen 1,14–16) geschaffen. Da das Frühlingssolstitium nach antiker Berechnung auf den 25. März fiel, fand die Erschaffung der Sonne am 28. März statt, am vierten Tag nach dem Solstitium. Soweit die Auffassung von der Welt und ihrer Entstehung, wie sie diesen Text prägt. Verblüffend und unerwartet ist jedoch, daß in einem Text, der eigentlich ein klassischer Weihnachtstext ist, die prophetische Verheißung von der »Sonne der Gerechtigkeit«, hier genau auf Christus und seine Geburt im Frühling angewendet wird. Und doch ist ausgehend von diesem Verständnis der Erschaffung der Welt die Annahme, daß die Geburt Jesu im Frühling stattgefunden haben muß, die logische Folge. Und so gipfelt die Beweisführung dieses Traktates in der Formulierung (Kap. 20): »Siehe wiederum: Wie wahr ist das, was wir glauben: Christus wurde am 28. März im Fleische geboren. Das ist an jenem Tag, für den wir bewiesen haben, daß an ihm die Sonne erschaffen wurde.«

Mit dieser Beweisführung und der Geburt Jesu an einem Tag, der nach der Berechnung dieses Traktates ein Pascha-Fest war, wird einmal mehr eine volle Anzahl von Jahren für das Leben Jesu erreicht: Er wurde an einem Pascha geboren und starb auch an einem solchen. Wie bereits erwähnt, darf dies nicht unterschätzt werden.

Aus den hier dargelegten Quellen darf ein Doppeltes gefolgert werden: Zum einen: Im dritten Jahrhundert wurde das Weihnachtsfest nicht gefeiert. Zum anderen: Wenn man sich überhaupt Gedanken über die Geburt Jesu machte, so legte man diese gemeinhin in den Frühling, und zwar auf ein Pascha-Fest. Dies war verbunden mit der Identifikation Jesu als der prophetisch verkündeten »Sonne der Gerechtigkeit«, einer theologischen Deutung, die in späterer Zeit Kernbestand kirchlicher Beweisführung für die Berechtigung eines Geburtsfestes Jesu wurde.

Die erste Feier der Geburt Christi

Bis wann wurde Weinachten sicher nicht gefeiert?

Im vorangegangenen Abschnitt wurde gezeigt, daß nach der ältesten Auffassung die Geburt Jesu in den Frühling fiel. Jetzt muß gefragt werden, wann zum ersten Mal mit Sicherheit die Geburt Jesu gefeiert wurde. Allerdings gibt es keinen einzigen Hinweis dafür, daß jemals ein Weihnachtsfest im Frühling gefeiert wurde. Zuerst muß eine negative Abgrenzung vorgenommen werden: Die Frage, bis wann Weihnachten nicht gefeiert wurde, ist nicht leicht zu beantworten. Teilweise wird auch von Forschern versucht, mit Hilfe von Indizien eine frühe Feier dieses Festes zu beweisen, andere Indizien sprechen dagegen.

Zwei Autoren aus der Zeit um die Mitte des dritten bzw. dem Anfang des vierten Jahrhunderts können als sichere Zeugen gewertet werden, daß es zu dieser Zeit noch kein derartiges Fest gab: Origenes von Alexandrien und Arnobius von Sicca.

Origenes war sicher einer der prominentesten Theologen des dritten Jahrhunderts. Geboren wurde er um 185 n. Chr. in Alexandrien und genoß eine hervorragende Ausbildung. Er hatte Kontakt zu vielen wichtigen und einflußreichen Persönlichkeiten seiner Zeit. Ab ca. 230 n. Chr. hielt er sich in Palästina auf, wo er um 254 n. Chr. starb. Aufgrund der Vielzahl der von ihm erhaltenen Schriften findet sich bei Origenes eine ganze Reihe von Belegstellen, die in der einen oder anderen Richtung auf eine mögliche Feier der Geburt Christi bezogen werden können.

In einer Schrift, in der er das Christentum verteidigt – Contra Celsum, »gegen Celsus« – zählt er die kirchlich bedeutsamen Tage auf und erwähnt Sonntage, Freitage, Ostern und Pfingsten. Er wendet sich gegen einen Vorwurf: »Wenn man uns die Beobachtung von Sonntagen oder Freitagen, des Pascha oder von Pfingsten zum Vorwurf macht, so ist darauf zu antworten.« Es gibt verschiedene Deutungsmöglichkeiten für diese Stelle. Ein angeführtes Argument ist, daß es sich um keine vollständige Liste handelt. Ein weiterer Einwand lautet, daß es sich nur um den Festkalender des Celsus handelt. Dieser habe also um das Jahr 175 noch kein Geburtsfest Jesu gekannt. So könne diese Stelle nur etwas über die Zeit des Celsus und den damaligen Festkalender aussagen, nicht jedoch über die Zeit des Origenes.

Hierzu sei auf die Predigten des Origenes über das Buch Levitikus verwiesen (In Levit. Hom. VIII, 3): »Unter allen Heiligen läßt sich kein einziger finden, der an seinem Geburtstag einen Festtag beginge oder ein Gastmahl hielte. Ebenso findet sich niemand, der am Geburtstag seines Sohnes oder seiner Tochter ein Freudenfest abhielte. Über solche Geburtstage jubeln einzig und allein die Sünder. So finden wir im Alten Testament, daß der Pharao, der König der Ägypter, an seinem Geburtstag ein Fest feiert. Herodes tut dies im Neuen Testament. Ein jeder von beiden hat die Feier seines Geburtstages besudelt, indem das Blut eines Menschen vergossen wurde.«

Origenes spielt auf zwei biblische Geschichten an. Zum einen handelt es sich um die Josefsgeschichte (Gen. 37–50). Josef war durch die Untreue seiner Geschwister nach Ägypten gekommen. Dort deutete er im Gefängnis die Träume des Bäckers und des Mundschenks des Pharao. Sie erfüllen sich so (Gen. 40,20–23): »Und es geschah am dritten Tage, da beging der Pharao seinen Geburtstag. Und er machte ein Festmahl für alle seine Großen und erhob das Haupt des obersten Schenken und das Haupt des obersten Bäckers unter seinen Großen und setzte den obersten Schenken wieder in sein Amt, daß er den Becher reiche in des Pharao Hand, aber den obersten Bäcker ließ er aufhängen, wie ihnen Josef gedeutet hatte. Aber der oberste Schenk dachte nicht an Josef, sondern vergaß ihn.«

Bei der zweiten biblischen Begebenheit handelt es sich um den Geburtstag des Herodes, an dem Johannes der Täufer getötet wurde (Mt. 14,6–11): »Als aber Herodes seinen Geburtstag beging, da tanzte die Tochter der Herodias vor ihnen. Das gefiel dem Herodes gut. Darum versprach er ihr mit einem Eid, er wolle ihr geben, was sie fordern würde. Und wie sie zuvor von ihrer Mutter angestiftet war, sprach sie: Gib mir hier auf einer Schale das Haupt Johannes des Täufers! Und der König wurde traurig; doch wegen des Eides und derer, die mit ihm zu Tisch saßen, befahl er, es ihr zu geben, und schickte hin und ließ Johannes im Gefängnis enthaupten. Und sein Haupt wurde hereingetragen auf einer Schale und dem Mädchen gegeben; und sie brachte es ihrer Mutter.«

Beide biblischen Geschichten sind nicht gerade Beispiele, die Anstoß für eine christlich motivierte Feier eines Geburtstages geben sollten, wurden doch an beiden Geburtstagen Menschen getötet – und einer der Toten war kein geringerer als Johannes der Täufer. Insofern darf man es als sicher ansehen, daß Origenes noch kein Fest der Geburt Christi kannte, daß also die Feiern, die er in Contra Celsum aufzählt, sehr wohl eine vollständige Aufzählung der wichtigsten Feiern im Jahreskreis sind.

Auch auf Arnobius von Sicca wird immer wieder im Zusammenhang mit dem Weihnachtsfest verwiesen. Er wurde um 235 in Nordafrika (und zwar in Sicca im Gebiet von Numidien) geboren. Dort lehrte er Rhetorik – ein Fach, das in der damaligen Zeit eine viel größere Bedeutung als heute hatte, war das Studium dieser Wissenschaft eine wichtige Zugangsvoraussetzung für viele herausragende Ämter und Funktionen. Vor seiner Konversion zum Christentum war er ein entschiedener Gegner dieses Glaubens. Nach seiner Bekehrung – wohl in den Jahren zwischen 296 und 312 – schrieb er die sieben Bücher seiner Verteidigungsschrift des Christentums: *Adversus Nationes* – Gegen die Heiden. Doch verrät dieses Werk, daß sein Verfasser nicht einmal die Grundlehren des Christentums wirklich verstanden hatte. Vieles bleibt merkwürdig. So ist er sich nicht wirklich sicher, daß heidnische Götter nicht existierten. Diese können nach seiner Auffassung – falls es sie gegeben haben sollte – nur als »Untergötter« gelten, haben sie doch ihre Macht und ihr Dasein vom Gott der Christen. Und so formuliert der Verteidiger des christlichen Glaubens an einer Stelle (Adv. Nat. VII, 2): »Der Geburtstag der Tellus* ist es. Denn Götter gehen aus dem Mutterleib hervor, und sie haben ihre Festtage, durch die ihnen überhaupt zugestanden wird, daß sie die Lebensluft ergriffen haben.« Allgemein wird diese Stelle, an der sich Arnobius über Geburtsmythen von Göttern lustig macht, so verstanden, daß er ein Weihnachtsfest noch nicht kannte.

Allerdings wird von einigen Wissenschaftlern der Einwand erhoben, Arnobius wende sich hier nur gegen heidnische Götter. Er machte sich über den Geburtstag der Tellus lustig, da letztlich ein derartiger Geburtstag einen Anfang dieser Göttin voraussetzt. Und wichtigstes Kennzeichen des höchsten Wesens ist doch, daß es keinen

---

* Die Tellus ist eine römische Erdgöttin, die Fruchtbarkeit spendet. Sie entspricht in etwa der griechischen Gaia.

Anfang hat. Insofern, so führen sie weiter aus, habe sich Arnobius zwar bewußt über die Tellus lustig gemacht, er könne jedoch auf keinen Fall das Weihnachtsfest meinen, da dieses Fest keinen zeitlichen Anfang des christlichen Gottes bedeute, sondern nur seine Menschwerdung feiere. Und Arnobius sei sich dieses theologischen Unterschiedes voll und ganz bewußt gewesen. Das hätte jedoch zur Folge, daß Arnobius gerade kein Zeuge gegen das Weihnachtsfest sein kann, da er sich gegen ein völlig anderes Fest wendet. Es bleibt dahingestellt, ob Arnobius tatsächlich so gut in der Theologie bewandert war, daß er diese Unterscheidung selbst getroffen hätte. Immerhin ist seiner Meinung nach Christus Gott untergeordnet, ein Gott zweiten Ranges, und so würde Arnobius vielleicht sogar sagen, daß ein Geburtsfest Christi gerade diese Unterordnung unter den Vater offenbaren würde. Doch letztlich wird diese Frage erst wirklich wichtig, wenn andere Quellen dafür sprechen, daß Weihnachten zur Zeit des Arnobius von Sicca bereits gefeiert wurde. Dann müßte noch einmal gefragt werden, ob man die Stelle zwingend gegen eine Feier des Weihnachtsfestes interpretieren muß.

Die frühesten Belege der Feier – ein kirchengeschichtliches Gerücht?

Ein römischer Kalender

Der sogenannte »römische Chronograph aus dem Jahr 354« gilt vielen als frühester sicherer Beleg für eine Feier der Geburt Christi. Zugeschrieben wird er dem Furius Dionysius Philocalus, dem späteren Kalligraphen des Papstes Damasus. Deswegen wird er auch als Kalender des Philocalus oder als philocalischer Kalender bezeichnet. Allerdings ist das Urexemplar nicht erhalten. Die älteste Abschrift stammt aus dem 9./10. Jahrhundert.

Der Kalender ist eine bunte Mischung verschiedenster Eintragungen und kalendarisch wichtiger Listen. Die Konsekrationstage der Kaiser eröffnen den Kalender. Es folgt eine Liste der Konsuln, und zwar beginnend mit dem Jahr 510 v. Chr. und endend mit 354 n. Chr. – von diesem Jahr leitet sich ja einer der Namen des römischen Chronographen ab. Weiter findet sich eine Tabelle der Osterdaten von 312 bis 411 n. Chr., ein Verzeichnis der Stadtpräfekten von Rom von 254 bis 354 n. Chr., eine Liste von vorwiegend römischen Märtyrern und eine Liste der römischen Bischöfe zwischen 255 und 352 n. Chr.

Allgemein besteht die Auffassung, daß sowohl die Liste der Märtyrer wie auch die Liste der Bischöfe gottesdienstliche Bedeutung hatten. In der Liste der Märtyrer wird jeweils der Todestag des Märtyrers und eine Kirche angegeben, in der dieser Tag gefeiert wird. Der Eindruck, daß die Liste der Märtyrer für den Gottesdienst gedacht war, wird durch die Anordnung der Namen verstärkt. Sie sind nicht nach dem absoluten Todesdatum oder nach dem Namen gereiht, sondern nur nach der Stellung der einzelnen Feiertage im Jahr der Kirche. Und eröffnet wird diese Liste mit dem Eintrag: »Acht Tage vor den Kalenden des Januar wurde Christus in Bethlehem in Juda geboren.« Dies ist natürlich ein starkes Argument dafür, daß bereits im Jahr 354 das Weihnachtsfest am 25. Dezember gefeiert wurde. Ja, man kann vielleicht sogar noch mehr aus diesem Eintrag ableiten: Am Anfang dieser Liste der Feiertage findet sich das Weihnachtsfest. Wurde damals etwa das Kirchenjahr mit dem Weihnachtsfest eröffnet? Ist damit der römische Chronograph nicht nur das älteste Zeugnis für eine Feier des Weihnachtsfestes, sondern auch Zeuge für ein mit diesem Fest beginnendes Kirchenjahr?

Doch auch die Liste der römischen Bischöfe scheint in den Zusammenhang des Gottesdienstes zu gehören: Die Bischöfe sind – mit zwei Ausnahmen – im Jahreskreis nach dem Todesdatum gereiht. Markus (gestorben 336) und Julius I. (gestorben 352) sind jedoch am Ende dieser Liste angefügt. Offensichtlich wurden sie erst nachträglich hinzugefügt. Falls aber diese Liste bereits im Jahr 336, dem Todesjahr des Markus, vollendet war, und diese beiden Bischöfe angehängt wurden, dann wäre es ebenfalls wahrscheinlich, daß auch die Liste der Märtyrer aus dieser Zeit stammt. Damit wäre der römische Chronograph ein noch früheres Zeugnis für die Feier des Weihnachtsfestes.

Doch auch noch an einer anderen Stelle, und zwar in der Liste der römischen Konsuln findet sich ein weiterer Eintrag, der für die Feier des Weihnachtsfestes von großer Wichtigkeit ist. Diese Liste zählt die Jahre von der Gründung der Stadt Rom. Für das Jahr 754 – unser Jahr 1 n. Chr. – findet sich der Eintrag: »Unter den Konsuln

Caesar und Paulus wurde der Herr Jesus Christus acht Tage vor den Kalenden des Januar geboren.« Für das Jahr 29 n. Chr. findet sich dann noch eine weitere Eintragung: »Unter den beiden Gemini hat der Herr Jesus Christus gelitten.«

Die beiden Einträge in die Liste der Konsuln scheinen den ersten Eindruck zu verstärken: Wenn an dieser Stelle nochmals die Geburt Jesu – und auch sein Tod – erwähnt werden, dann muß der römische Chronograph ein zuverlässiger Zeuge sein. Doch die Gegenfrage lautet: Muß er das wirklich? Die Bezeugung der Geburt Jesu ist auffällig – und zwar nicht der Umstand, daß sie erwähnt wird, sondern das Datum, an dem Christus angeblich geboren wurde. Oben wurde dargelegt, daß nach ältester christlicher Tradition Christus vor unserem Jahr »1 n. Chr.« geboren wurde, wobei die meisten der frühchristlichen Autoren entweder das Jahr 2 oder 3 v. Chr. als Geburtsjahr Jesu annehmen. Gleichzeitig war es vielen dieser Autoren wichtig, eine Lebenszeit von 30 oder 31 Jahren für Christus zu beweisen. Schließlich war er ja nach dem Zeugnis des Lukasevangeliums (Lk. 3,23) etwa 30 Jahre alt, als er getauft wurde. Nach dem römischen Chronographen wäre Jesus aber nur 28 Jahre alt geworden. Das bedeutet, daß sich dieser Kalender hier von der altkirchlichen Tradition entfernt. Gleichzeitig fällt auf, daß im römischen Chronographen zum ersten Mal unsere Zeitrechnung mit der Geburt Christi zusammenfällt. Und doch war es in dieser Zeit für Christen völlig unüblich, die Zeit von »Christi Geburt an« zu zählen. Wenn man sich nicht der stadtrömischen Zeitrechnung – ausgehend von der Gründung Roms im Jahr 753 v. Chr. – bediente, so war die Rechnung »seit Diokletian« weit verbreitet. Und diese Zeitrechnung beginnt mit dem Jahr 284 n. Chr. als ihrem Jahr 1 n. Diokletian.

Überhaupt erst im 6. Jahrhundert – im Jahr 525 n. Chr. – wurde von einem gelehrten Mönch zum ersten Mal unser Jahr 1 n. Chr. als das Jahr der Geburt Christi angesetzt. Dionysius Exiguus, aus dem Osten nach Rom gekommen, war Berater des Papstes und versuchte, in dessen Auftrag zwischen Ost und West zu vermitteln. Teil des Streits war eine unterschiedliche Berechnung des Osterfestes in Rom und in Alexandrien, die oftmals dazu führte, daß hier noch die vorösterliche Fastenzeit gehalten wurde, während dort bereits das Osterfest gefeiert wurde. Ein nur schwer erträglicher Zustand für die eine Christenheit, daß man in Ost und West an verschiedenen Tagen das Osterfest beging. So erstellte Dionysius eine Tabelle mit Osterterminen, die in der ganzen Kirche gelten sollten, und zählte in dieser Tabelle erstmals die Jahre von »Christi Geburt« an. Er tat dies in bewußter Ablehnung der Zählung nach Diokletian. Schließlich, so sein Argument, warum sollen die Christen ihre Jahre nach einem römischen Kaiser zählen, der sie verfolgt hat?

Doch gerade in diesem Umstand, daß Dionysius im Jahr 525 unsere Zeitrechnung einführte, liegt der Anstoß für die ersten Zweifel am römischen Chronographen verborgen. Warum sollte sich rund zwei Jahrhunderte vor der Neuerung des Dionysius bereits ein Hinweis auf die Geburt Jesu in unserem Jahr »1 n. Chr.« finden, während vergleichbare Listen von Konsuln in anderen Kalendern ebenfalls eine solche Eintragung enthalten – allerdings für das Jahr 2 v. Chr. Könnte man nicht ebenso behaupten, daß die Zeitrechnung des Dionysius uns Aufschluß gibt über die Zeit, nach der noch einmal dem römischen Chronographen etwas hinzugefügt wurde?

Der Zweifel wächst, wenn man sich noch einmal die Liste der Märtyrer ansieht. Dort findet sich für den 22. Februar die Eintragung »Fest des Stuhles des Petrus«. Dieses Fest gilt allgemein als Erinnerungsfest an die Übernahme des römischen Bischofssitzes durch den Apostel Petrus. Eine so frühe Feier dieses römischen Festes ist eher erstaunlich. Erst ab dem 9. Jahrhundert finden sich wieder Spuren einer Feier dieses Festes. Und so haben manche Forscher diese Schwierigkeiten zum Anlaß genommen, eine komplizierte Hypothese aufzustellen: Petri Stuhlfeier sei im 4. Jahrhundert in Rom gefeiert worden – einzige Bezeugung dieses Festes ist der römische Chronograph – danach außer Mode gekommen und vor dem 9. Jahrhundert wieder eingeführt worden.

Die Probleme des römischen Chronographen hinsichtlich des Geburtstermins Christi lassen sich also so zusammenfassen: Sein Original ist verschwunden, die älteste Abschrift stammt aus dem 9./10. Jahrhundert. In ihm wird einerseits bereits die Zeitrechnung des Dionysius Exiguus zwei Jahrhunderte vor ihrer Einführung vorweggenommen, andererseits findet sich eine einmalige Bezeugung eines Festes, das hernach verschwindet und erst rund 500 Jahre später wieder in Erscheinung tritt. Und so festigt sich der Eindruck, als ob gerade diese Eintragungen in den römischen Chronographen erst in späterer Zeit hinzugekommen sind. Vielleicht sollte man sogar behaupten, daß gerade die Zeitrechnung »von Christi Geburt« als unserem Jahr 1 n. Chr. ein sehr sicherer Hinweis dafür ist, daß nach 525 n. Chr. in diesen Kalender eingegriffen wurde und daß diese Eingriffe bei einer Abschrift einfach übernommen wurden.

Augustinus im Streit mit den Donatisten

Ein weiterer Text, der aus der Feder des Augustinus stammt, gibt Anlaß zu unterschiedlichen Interpretationen. Kurz zu den wichtigsten Daten im Leben des Augustinus: Er wurde am 13. November 354 geboren, studierte Rhetorik und war lange Zeit Anhänger der Manichäer. In der Osternacht des Jahres 387 (24./25. April) wurde er von Ambrosius getauft. Anfang des Jahres 391 kam er nach Hippo in Nordafrika, wo er kurze Zeit später zum Priester geweiht wurde. Im Jahr 395 wurde er Bischof dieser Stadt und starb dort am 28. August 430.

Um einen Ausschnitt aus einer Predigt des Augustinus in ihrer Bedeutung richtig interpretieren zu können, muß zuerst der geschichtliche Hintergrund beleuchtet werden. Der berühmte Kirchenvater war letztlich in Nordafrika für lange Zeit der führende Kopf der großkirchlich orientierten Christen, die dort zu dieser Zeit in der Minderheit waren. Am Anfang des 4. Jahrhunderts hatte sich die afrikanische Kirche gespalten. Während der Verfolgungen unter dem römischen Kaiser Diokletian waren viele Priester und Bischöfe nicht so standhaft gewesen, wie es manchen radikalen Gruppen notwendig erschien. Eine dieser Persönlichkeiten war Donatus. Als Anführer einer solchen radikalen Gruppierung erkannte er die Sakramente, die von »unwürdigen« Priestern und Bischöfen gespendet wurden, nicht an. Um das Jahr 311 n. Chr. kam es zum Bruch mit der Großkirche. Aufgrund ihrer radikalen Lebensweise und ihres hohen Anspruches fanden die Donatisten eine große Zahl von Anhängern in Nordafrika. Die großkirchlichen Gruppierungen, denen auch Augustinus angehörte, gerieten in Nordafrika in die Rolle der Minderheit, während die sektiererischen Donatisten die Mehrheit der Bevölkerung hinter sich hatten. Das Blatt wendete sich erst hundert Jahre nach Ausbruch der Krise: Durch ein Edikt des Kaisers Honorius vom 30. Januar 412 wurde die Unterdrückung der Donatisten befohlen. Die Anhänger der Großkirche wurden durch dieses Edikt in ihrer Position gestärkt, die Donatisten verschwanden relativ rasch und fielen der Vergessenheit anheim.

Von Augustinus ist eine Vielzahl von Predigten erhalten. Unter diesen findet sich eine Epiphaniepredigt, in der er eine höchst interessante Aussage macht (Sermo 202,2): »Mit Recht wollten die häretischen Donatisten diesen Tag niemals mit uns feiern; denn sie lieben die Einheit nicht. Auch stehen sie nicht in Gemeinschaft mit der östlichen Kirche, wo jener Stern erschienen ist.« Aus dieser Bemerkung in der vierten Epiphaniepredigt des Augustinus wurden verschiedene Dinge gefolgert. Zum einen, und das ist offensichtlich, haben die Anhänger des Donatus das Epiphaniefest, das zur Zeit des Augustinus bereits in der ganzen Kirche gefeiert wurde, nicht begangen. Daraus darf man schließen, daß dieses Fest erst nach 311 in Nordafrika bekannt wurde, daß es also zum Zeitpunkt der Kirchenspaltung noch nicht gefeiert wurde. Sonst hätten es die Donatisten bei der Spaltung übernommen.

Von Augustinus sind mehr Predigten für das Weihnachtsfest als für das Epiphaniefest erhalten. Insofern wäre eigentlich zu erwarten, daß er sich auch in einer Weihnachtspredigt zur Frage äußert, daß die Donatisten dieses Fest nicht begingen. Ja, vom Zahlenverhältnis der Predigten wären sogar zwei Erwähnungen dieses Umstandes in den Weihnachtspredigten zu erwarten. Augustinus tut dies aber an keiner Stelle. Was liegt also näher, als aus dieser Quellenlage zu schließen, daß die Donatisten das Weihnachtsfest feierten? Damit läßt sich erklären, warum Augustinus zwar die Nichtfeier des Epiphaniefestes durch die Donatisten erwähnt, aber zum Weihnachtsfest und seiner Feier oder Nichtfeier durch die Donatisten schweigt. Und so wird die vierte Epiphaniepredigt des Augustinus allgemein dahingehend interpretiert, daß bereits vor 311 das Weihnachtsfest in Nordafrika gefeiert wurde, so daß es bei der Abspaltung der Donatisten von ihnen einfach mitgenommen wurde. Dann wäre aber zu erwarten, daß das Fest aus Zeiten vor der diokletianischen Verfolgung stammt. Und diese begann im Jahr 303 n. Chr. Diese Argumentation ist weithin anerkannt.

Allerdings handelt es sich bei dieser Beweisführung um ein sogenanntes Argumentum e Silentio, eine Begründung aus einem Schweigen, einer Nichterwähnung. Es ist ein klassischer Indizienbeweis. Diese Begründung muß also mit Vorsicht genossen werden. Was sagt Augustinus – und was will er damit zum Ausdruck bringen? Darf aus der Tatsache, daß Augustinus kein Wort darüber verliert, ob die Donatisten Weihnachten gefeiert haben oder ob sie es nicht feierten, tatsächlich geschlossen werden, daß sie das Fest bereits am 25. 12. begingen? Augustinus formuliert so: »Die häretischen Donatisten wollten noch niemals mit uns das Epiphaniefest feiern.« Hier spricht er den Anhängern des Donatus die kirchliche Gemeinschaft mit »uns«, mit sich selbst als Vertreter der Großkirche ab. Und dann führt er weiter aus: »Sie stehen auch nicht in Gemeinschaft mit der Kirche des Ostens, wo jener Stern erschienen ist.«

Die Feier des Epiphaniefestes ist unproblematisch: bereits gegen Ende des vierten Jahrhunderts wird es in der ganzen Kirche, in Ost und West am 6. Januar gefeiert. Die Festinhalte unterscheiden sich stark in den einzelnen Gebieten und Regionen, der Tag selbst wird überall begangen. Anders verhält es sich mit der Feier des Weihnachtsfestes. Den Westen hat es im Sturm erobert, im Osten bläst ihm der Wind ins Gesicht. Wenn überhaupt, wird es nur widerwillig eingeführt. Zur Zeit des Augustinus feiern so wichtige Kirchen wie Jerusalem oder das Patriarchat von Alexandrien Weihnachten nicht. In der heiligen Stadt wird dieses Fest überhaupt erst in der Mitte des fünften Jahrhunderts offiziell eingeführt, in Alexandrien rund zwanzig Jahre früher. Beides sind wichtige und einflußreiche Orte in der Kirche an der Wende vom vierten zum fünften Jahrhundert. Jerusalem kann sich auf den Apostel Jakobus berufen, in Alexandrien ruhten die Gebeine des Evangelisten Markus. Tradition und auf ihr beruhende Autorität waren bereits im vierten Jahrhundert von großer Bedeutung, wenn es darum ging, Entscheidungen in der Kirche durchzusetzen.

Am eindrücklichsten führt dies eine Auseinandersetzung in Bethlehem und Jerusalem vor Augen, in die Hieronymus verstrickt ist. Vertraut mit der lateinischen Tradition, hält er sich ab 386 in Bethlehem auf, wo er im Jahr 419 oder 420 starb. Der römischen Tradition folgend, feiert er mit einer kleinen Gemeinde in Bethlehem am 25. Dezember Weihnachten. In einer Predigt wehrt er sich gegen die Argumente der Jerusalemer Gemeinde. Diese sei doch arg unverfroren, wenn sie behauptet, besser zu wissen, wann Jesus geboren wurde. Schließlich sei er ja auf dem Gebiet des Bistums Jerusalem und nicht in Rom geboren worden. Und deswegen müsse man in Jerusalem besser wissen, daß die Geburt Jesu am 6. Januar, dem Epiphaniefest zu feiern ist.

Was bedeutet das jetzt für die Predigt des Augustinus? Er betont noch einmal ausdrücklich, daß die Donatisten »auch die Gemeinschaft mit den Kirchen des Ostens nicht lieben, wenn sie Epiphanie nicht feiern«. Warum diese Verdoppelung? Warum sagt er nicht einfach: »Sie feiern Epiphanie nicht mit uns. Deswegen stehen sie außerhalb der Gemeinschaft der ganzen Kirche«? Wenn man sich nun aber vor Augen hält, daß gerade einige der »Kirchen des Ostens«, Jerusalem, Armenien und Alexandrien, das Weihnachtsfest zur Zeit des Augustinus mit Sicherheit nicht feierten, so stellt sich eine ganz andere Frage: Hatten etwa die Donatisten dem Augustinus anläßlich einer Weihnachtsfeier Vorwürfe gemacht, daß er nicht in Einheit mit der ganzen Kirche stünde, daß die Anhänger des Augustinus die Häretiker sind, die sich von der Gesamtkirche durch die Feier des Weihnachtsfestes abgewandt haben? Das würde einerseits erklären, warum Augustinus in seinen Weihnachtspredigten keinen Hinweis auf die Nichtfeier dieses Festes bei den Donatisten bietet. Schließlich würde er sich dabei in das eigene Fleisch schneiden. Andererseits würde das auch erklären, warum sich aus der angeblichen Frühzeit der Feier des Weihnachtsfestes – gegen Ende des dritten Jahrhunderts – keine Belege finden: Das Weihnachtsfest wäre nach dieser Argumentation erst nach der Abspaltung der Donatisten entstanden, und Augustinus, ein geschulter Redner, schwieg zu dieser Frage, um seinen Gegnern nicht unnötig Munition für seine eigene Bekämpfung zu liefern.

Auch zur Zeit des Augustinus gilt der Grundsatz: Kirchliche Einheit wird offenbar durch die gemeinsame Feier des Gottesdienstes. Wenn aber gerade bei einem Fest wie Weihnachten noch nicht alle Ortskirchen mitfeiern, dann wird es Augustinus wohl gerade aus diesem Grund vermieden haben, dieses Fest als Kriterium der Einheit und Kirchengemeinschaft zu verwenden. Und so ist das auf der Epiphaniepredigt des Augustinus aufbauende Argument abzulehnen, da das Fundament nicht tragfähig ist. Selbst wenn die Donatisten Augustinus keine Vorwürfe gemacht haben sollten – und ihre Predigten aus der Kirche in Hippo, deren Gesang Augustinus vernehmen konnte, sind leider im Gegensatz zu den Predigten des bekannten Kirchenvaters nicht erhalten, so daß alle Aussagen über diese Frage hypothetischen Charakter haben – als Erweis für die Einheit der »Rest-Kirche« gegen die Donatisten eignet sich ein Fest, das nur in Teilen der Kirche gefeiert wird, nun wahrlich nicht. Jeder scheinbare Beleg für die Feier des Weihnachtsfestes vor 354 n. Chr. mußte ausgeschieden werden, da entweder der Zeuge an sich für diese

Frage nicht glaubwürdig ist – wie der römische Chronograph, bei dem wohl nachträglich diese Zeilen eingefügt wurden, auch wenn er für viele andere Dinge ein wichtiges Dokument darstellt – oder, weil die auf diesem Zeugen aufbauende Argumentation einer kritischen Befragung nicht wirklich Stand hält.

Die erste glaubwürdig belegte Feier des Weihnachtsfestes

Unser bisheriger Gang durch die Geschichte hatte leicht destruktive Züge: eine ganze Reihe scheinbarer Belege für eine frühe Feier des Weihnachtsfestes mußten ausgeschieden werden. Erst für die zweite Hälfte des vierten Jahrhunderts kann ein sicherer Beleg für eine solche Feier geliefert werden: Optatus, in den sechziger Jahren des vierten Jahrhunderts Bischof von Mileve in Nordafrika, hat während der Regierung des Kaisers Julian um 362/363 eine Weihnachtspredigt gehalten. An diesem Weihnachtsfest predigt er über die Geburt Jesu und den Kindermord durch König Herodes. Die Anbetung durch die drei Weisen aus dem Morgenland schildert er ausführlich. Und dies ist wiederum erstaunlich: Nach dieser Predigt war der Besuch der drei Könige aus dem Osten fester Bestandteil des Weihnachtsfestes. Was das bedeutet, liegt auf der Hand: Optatus von Mileve kann das Epiphaniefest noch nicht gefeiert haben. Denn nicht ohne Grund wird Epiphanie, der 6. Januar, auch als Dreikönigstag bezeichnet, ist doch im Westen der Besuch dieser drei Männer in Bethlehem der Inhalt dieses Festes. Optatus kann dieses Fest also noch nicht gefeiert haben. Kurze Zeit nach der Weihnachtspredigt des Optatus muß jedoch das Epiphaniefest nach Afrika gelangt sein, da es bereits von Augustinus selbstverständlich gefeiert wird.

Bereits bei der Frage nach der Bedeutung der vierten Epiphaniepredigt des Augustinus war erwähnt worden, daß im Osten Weihnachten als Konkurrenz zum Epiphaniefest verstanden wurde. Und so muß in diesem Zusammenhang erwähnt werden, daß letztlich zur selben Zeit auch die erste Feier des Epiphaniefestes bezeugt ist: Ammianus Marcellinus, ein heidnischer Geschichtsschreiber aus einer guten Familie in Antiochien, der um 330 geboren wurde und im Jahr 395 starb, berichtet, daß Kaiser Julian Apostata an einem Epiphaniefest im Jahr 361 in Gallien den Gottesdienst besucht (Rer. Gest. XXI, 2,5), um seinen Abfall vom Glauben geheimzuhalten: »Und damit er diesen verberge, begab er sich an einem Feiertag, welchen die Christen als Epiphanie bezeichnen und im Januar feiern, in eine ihrer Kirchen. Nach feierlichem Gottesdienst verließ er sie wieder.«

Mit nur ein oder zwei Jahren Zeitunterschied finden sich die beiden ältesten Zeugnisse für zwei neue Feste in der Kirche: Epiphanie und Weihnachten. Epiphanie wurde in Jerusalem als das ältere Geburtsfest Christi empfunden. Und so soll jetzt die Feier dieses Festes weiterverfolgt werden. Was zuerst wie ein Umweg wirkt, wird Entscheidendes zum Verständnis des Weihnachtsfestes beitragen. Letztlich scheint es ja doch erstaunlich, daß offensichtlich im vierten Jahrhundert tatsächlich zwei unterschiedliche Geburtsfeiern Jesu entstanden sind Insofern ist zu fragen, was denn dazu geführt haben mag.

Das Geburtsfest Jesu in Jerusalem

Der älteste Bericht stammt von einer Pilgerin, einer spanischen Nonne mit dem Namen Egeria, die sich in den Jahren 381 bis 384 in Palästina, Mesopotamien, Ägypten und Kleinasien aufgehalten hat. Sie schildert die Feier des Epiphaniefestes in Jerusalem. Ihr Bericht, soweit er lückenhaft ist, kann durch ein armenisches Lektionar aus Jerusalem ergänzt werden. Dieses liturgische Buch geht auf ein altes griechisches Lektionar aus dieser Stadt zurück. Es enthält die Lesungen und Psalmen, die in den liturgischen Feiern zu lesen und zu beten sind. Zusätzlich ist erwähnt, wenn der Gottesdienst in einer ganz bestimmten Kirche gefeiert werden muß, wenn es sich also um einen sogenannten Stationsgottesdienst handelt. Die Beschreibung der Feier läßt keinen Zweifel daran aufkommen, daß einzig die Geburt Jesu gegen Ende des vierten Jahrhunderts Inhalt des Epiphaniefestes war. Aus den Texten des Lektionars und dem Bericht der Spanierin läßt sich der Ablauf der Feier des Weihnachtsfestes gut rekonstruieren:

Am fünften Januar versammelt man sich zur zehnten Stunde auf dem Feld der Hirten, das heißt dort, wo nach alter Überlieferung den Hirten der Engel erschienen ist, zu einer Andacht. Man betet zwei Psalmen (Ps. 23: »Der Herr ist mein Hirte« und Ps. 80: »Du Hirte Israels höre, der du Josef hütest wie Schafe«) und liest aus dem Evangelium die Geschichte, daß den Hirten die Engel erschienen und sie zur Krippe kommen und das Kind verehren (Lk. 2,8–20). Nach dieser Andacht begibt man sich zur Feier der Vigil, der Nachtwache, in die Geburtskirche nach Bethlehem. In der Unterkirche wird neben zwei Psalmen ein Abschnitt aus dem Matthäusevangelium verlesen, der von Verkündigung und Geburt Jesu berichtet (Mt. 1,18–25). Danach zieht man in die Hauptkirche für eine festliche Nachtwache. Elf alttestamentliche Lesungen, ein Abschnitt aus dem Titusbrief und der Abschnitt aus dem Matthäusevangelium, wo von der Anbetung der Magier berichtet wird (Mt. 2,1–12), werden verlesen.

Nach diesem nächtlichen Gottesdienst macht man sich auf den Weg durch die Nacht nach Jerusalem. Wegen der Mönche, so berichtet die Pilgerin Egeria, kommt der Zug nur langsam voran. Sie gehen zu Fuß und bestimmen so die Geschwindigkeit der Prozession. Die pilgernde Menge singt. Immer wieder ertönt der Ruf: »Gesegnet sei, der kommt im Namen des Herrn«. So erreicht man gegen Morgengrauen Jerusalem und begibt sich sofort in die Auferstehungskirche. Diese ist hell erleuchtet. Dort wird ein Psalm und ein Gebet gesprochen. Der Bischof segnet zuerst die Katechumenen, die sich auf die Taufe vorbereiten, sodann alle Getauften. Danach ziehen sich alle zurück, um ein wenig von der nächtlichen Pilgerreise auszuruhen. Die Mönche bleiben in der Kirche zurück und singen bis zum Tagesanbruch Hymnen und Lieder. Doch bereits zur zweiten Stunde, das heißt um 8 Uhr früh, versammelt man sich wieder zu einem feierlichen Gottesdienst in der großen Kirche auf dem Hügel von Golgotha. Dort wird, wie das Jerusalemer Lektionar berichtet, noch einmal die Geburtsgeschichte nach Matthäus verlesen (Mt. 1,18–25).

Dieser Festbericht ist eindrücklich. So knapp die Pilgerin Egeria auch schildert, so sieht man doch fast den nächtlichen, von Kerzen und Fackeln erleuchteten Zug von Bethlehem nach Jerusalem ziehen. Die Anbetung durch die Magier, die in der Geburtskirche in Bethlehem verlesen wird, fügt sich nahtlos in den Festinhalt. »Denn euch ist heute der Heiland geboren, welcher ist Christus der Herr, in der Stadt Davids.« (Lk. 2,11). Selbst die einzelnen Orte werden pilgernd und betend abgeschritten, die Feier der Geburt Jesu wird in Jerusalem eindeutig am 6. Januar und nicht am 25. 12. begangen. Gleichzeitig vernimmt man mit Erstaunen, wie festlich diese Tage begangen werden. Der Vorabend beginnt mit einer Andacht am Nachmittag, an die sich eine Nachtwache anschließt.

Acht Tage nach dem Epiphaniefest wird die Beschneidung Jesu gefeiert. Und der vierzigste Tag nach Epiphanie hat die Darstellung des Herrn im Tempel zum Festgegenstand. Für den 25. Dezember hingegen vermerkt der Jerusalemer Festkalender das Fest des David und des Apostels Jakobus. Einige Handschriften haben einen kleinen Zusatz: »In anderen Städten wird an diesem Tag der Geburt Jesu gedacht.« Man war sich also in Jerusalem sehr wohl bewußt, daß man mit der eigenen Festtradition von der allgemeinen Überlieferung der Kirche abwich. Andernorts feierte man am 25. Dezember die Geburt Jesu, in Jerusalem am 6. Januar.

Wir erinnern uns, daß Hieronymus den Jerusalemern deswegen Vorwürfe machte. Und Hieronymus kann uns vielleicht auch helfen, weitere Probleme der Geschichte dieser beiden Feste besser zu verstehen. Doch zuvor soll noch einmal das Ergebnis zusammengefaßt werden: Alle Elemente, die uns vom 25. Dezember bekannt sind, charakterisieren in Jerusalem den 6. Januar. Bis hin zur Feier der Beschneidung acht Tage nach der Geburt und der Darstellung im Tempel am 14. Februar – im Gegensatz zum 2. Februar im Westen. Auch die hartnäckige Weigerung der stolzen Jerusalemer, das römische Weihnachtsfest anzunehmen, paßt in dieses Bild. Man kommt nicht umhin, aber in der Alten Kirche gab es nicht ein, sondern zwei »Weihnachtsfeste«, eines im Westen am 25. Dezember, eines im Osten am 6. Januar.

Der Lebensweg des Hieronymus – mit dem Weihnachtsfest nach Osten

Gegen 347 wurde Hieronymus in Stridon bei Emona, dem heutigen Ljubljana in Slowenien, geboren. Er stammte aus einer begüterten christlichen Familie. Hieronymus studierte in Rom und empfing dort die Taufe. Nach seiner Taufe kam er zunächst in den Staatsdienst nach Trier. Dort könnte es zu einer wichtigen Begegnung mit den Anfängen des

Epiphaniefestes im Westen gekommen sein. Die erste Nachricht von diesem Fest begegnet uns, wie bereits erwähnt, in dem Bericht des Schriftstellers Ammianus Marcellinus vom Gottesdienstbesuch des Kaisers Julian Apostata am 6. Januar 361. Das Fest stammt, wie Augustinus ja mit der besonderen Betonung der »Kirchen des Ostens, wo jener Stern erschien« zum Ausdruck bringt, aus der östlichen Reichshälfte. Könnte es nicht sein, daß Athanasius dieses Fest von Alexandrien, wo er Bischof war, bei seiner Verbannung nach Trier mitbrachte? Athanasius war 335 von der Reichssynode in Tyrus verurteilt und nach Trier ins Exil geschickt worden. Es waren aufgeregte Zeiten. Im Jahr 332/33 hatte sich Athanasius erfolgreich gegen eine vor einem weltlichen Gericht vorgebrachte Klage verteidigen können. Man hatte ihn der Unterschlagung, der Bestechung und des Mordes angeklagt. Von Konstantin war er vor die Reichssynode gerufen worden, die ihn unter anderem wegen politischen Ungehorsams verurteilte. Augustinus berichtet von zwei kaiserlichen Kommissaren, die in Trier auf die von Athanasius verfaßte Lebensbeschreibung des Mönches Antonius stießen, sich für dieses Werk sofort begeistern ließen und alle ihre Hofämter aufgaben. Selbst wenn man nicht so weit geht und eine der beiden Personen mit Hieronymus identifiziert, so zeigt dies doch sehr gut die geistige Atmosphäre, in der sich Hieronymus in Trier bewegte. Athanasius beeinflußte ganz offensichtlich auch noch um 370 n. Chr. durch seine Schriften die Menschen in Trier. Und so scheint es nicht unwahrscheinlich, daß Hieronymus in Trier alten Wurzeln des Epiphaniefestes begegnet, das Athanasius dorthin verpflanzt hatte – und zwar eines Epiphaniefestes, das möglicherweise bereits westlich überformt war. Vielleicht erklärt das auch die Energie und Nachdrücklichkeit, mit der er das römische Fest in Jerusalem einführen möchte.

Doch das Leben des Hieronymus ist noch weiter mit diesem Fest verknüpft. In Antiochien wird er im Jahr 378 durch Paulinus zum Presbyter ordiniert. Und diese Ordination wirft ein Licht auf die bereits erwähnte Weihnachtspredigt des Johannes Chrysostomos, herrschten doch in Antiochien zu dieser Zeit eher verwirrende Zustände. Politik und Kirchenpolitik waren eng miteinander verknüpft und führten zu einer lokalen Kirchenspaltung. Angefangen hatte es damit, daß der Armenier Meletios im Jahr 360 Nachfolger des Eudoxios auf dem Bischofsstuhl von Antiochien geworden war. Seine Amtszeit währte nur kurz. Bereits ein Jahr später wurde er auf Betreiben des Kaisers Konstantius durch die Synode von Antiochien seines Amtes enthoben. Auf dieser Synode wurde ein gewisser Euzoius zum Bischof eingesetzt. Theologisch stand dieser dem Arius nahe, der die Gottheit Christi leugnete und ihn als vollkommenes Geschöpf des Vaters bezeichnete, und war auch dessen Freund. Daß sich die arianisch gesinnte Gemeinde von Antiochien um ihn scharte, ist verständlich. Diese hatte bis 381 einen eigenen Bischof – der Nachfolger des Euzoius war Dorotheus. Er mußte aufgrund der von Kaiser Theodosius erlassenen antiarianischen Gesetze abdanken.

Im Jahr 361 starb Kaiser Konstantius, der die Verbannung des rechtmäßigen Bischofs Meletius erwirkt hatte. So konnte Meletius im Jahr 362 nach Antiochien zurückkehren und seine Gemeinde um sich sammeln. Seine antiarianische Gesinnung führte dazu, daß er noch zweimal (365 und 369) in die Verbannung gehen mußte. Meletius war es auch, der den begabten Johannes Chrysostomos im Jahr 381 zum Diakon weihte. 386 wurde Johannes Chrysostomos vom Nachfolger des Meletius auf dem Bischofssitz in Antiochien, Bischof Flavian, zum Priester geweiht.

Doch nicht genug der kirchlichen Zersplitterung: Es gab noch eine dritte Gruppe mit eigenem Bischof in Antiochien. Bereits Anfang des vierten Jahrhunderts war Bischof Eustathius, da er der Politik Konstantins im Weg war, abgesetzt worden. Noch 325 hatte er als einflußreicher Bischof an dem Konzil von Nizäa teilgenommen. Wenige Jahre später – 328 oder 329 – wurde er von einer in Antiochien tagenden Synode abgesetzt. Eusebius von Caesarea, der berühmte Kirchenhistoriker und beinahe fanatische Anhänger des Kaisers Konstantin, hatte den Vorsitz bei dieser Synode. Im Jahr 362 wurde nun Paulinus von Antiochien zum Bischof dieser Gruppierung geweiht. Während ein Großteil der Bischöfe des Ostens unter der Anführung des Basilius des Großen darum kämpften, daß Meletius als rechtmäßiger Bischof anerkannt werden möge, waren die Bischöfe des Westens, angeführt von Felix II. von Rom, zusammen mit Athanasius von Alexandrien der Meinung, Paulinus wäre der rechtmäßige Bischof von Antiochien. Auch wenn Paulinus im Jahr 383 starb, so dauerte die Spaltung in der Gemeinde von Antiochien noch bis ins Jahr 394 an. Er hatte kurz von seinem Tod Evagrius zum Bischof geweiht.

Im Jahr 378 weilte Hieronymus in Antiochien. Er wurde in dieser Zeit von Paulinus zum Presbyter geweiht. Oben war erwähnt worden, daß Hieronymus ein strenger Verfechter des römischen Weihnachtsfestes in Bethlehem war. Er wandte sich vehement gegen die liturgische Tradition der Diözese Jerusalem, die Geburt Christi an Epiphanie zu feiern. Gleichzeitig wurde Paulinus von Antiochien durch die westlichen Bischöfe unterstützt, während er von den Bischöfen des Ostens abgelehnt wurde. Was liegt nun näher als die Vermutung, daß Hieronymus das römische Weihnachtsfest nach Antiochien gebracht hat? Bereits anhand der vierten Epiphaniepredigt des Augustinus war deutlich geworden, wie wichtig liturgische Einheit als Ausdruck der Kirchengemeinschaft ist.

Bei der Vorstellung der Predigt des Johannes Chrysostomos wurde ein Abschnitt aus ihrer Einleitung zitiert, der an dieser Stelle nochmals angeführt werden soll: »Nicht einmal zehn Jahre sind es, daß wir diesen Tag kennen. Trotzdem: Euer Eifer ließ ihn aufblühen, als ob er durch lange Überlieferung bekannt wäre. So ist es nicht falsch, dieses Fest zugleich als alt und neu zu bezeichnen: Neu ist es, weil es erst seit kurzer Zeit bekannt ist. Alt und bedeutend ist es, weil es den ältesten Festen ebenbürtig ist.«

Auf dem Hintergrund der Situation der Gemeinde von Antiochien scheint dieser Abschnitt der Predigt eine ganz neue Bedeutung anzunehmen. Johannes Chrysostomos hielt sie in der zweiten Hälfte der achtziger Jahre, wahrscheinlich zwischen 386 und 388. Im Jahr 378 hat Bischof Paulinus den Hieronymus zum Presbyter geweiht. Falls dieser das Weihnachtsfest mitgebracht hätte, träfe die Aussage des Johannes Chrysostomos auf die Gemeinde des Paulinus und seines Nachfolgers Evagrius zu. Diese hätten dann wahrscheinlich ab 378 die Geburt Jesu an Weihnachten gefeiert – im Gegensatz zu Johannes Chrysostomos, der dieses Ereignis aus dem Leben Jesu an Epiphanie beging. Gleichzeitig wäre aber diese Änderung des Festkalenders der Gemeinde des Paulinus den Anhängern des Meletius nicht verborgen geblieben, lebte man doch letztlich Tür an Tür.

Doch nicht nur die Anwesenheit des Hieronymus, der selbst eine eindrucksvolle und beredte Persönlichkeit war, spricht dafür, daß die Gemeinde des Paulinus dieses Fest übernahm. Die Tatsache, daß ihn die Bischöfe des Ostens – mit Ausnahme des Athanasius – nicht als rechtmäßigen Bischof anerkennen wollten, während die Bischöfe des Westens ihn anerkannten, dürfte dazu geführt haben, daß

Paulinus dieses Fest annahm. Hierdurch konnte er seine Einheit mit der Kirche des Westens zum Ausdruck bringen, die ihn als rechtmäßig anerkannte. Gleichzeitig konnte er sich durch dieses Fest von der Gemeinde um Meletius distanzieren, die dieses Fest nicht feierte.

Dies bedeutet jedoch, daß die Predigt des Johannes Chrysostomos in neuem Licht gesehen werden muß. Er war es gewöhnt, die Geburt Jesu, der östlichen Tradition folgend, an Epiphanie zu feiern. Die von Rom abhängige Gruppe in seiner Stadt feiert ab 378 ein anderes Geburtsfest Jesu. Wenige Jahre später lassen es unbekannte Umstände als richtig und gut erscheinen, das Fest der Geburt Jesu vom 6. Januar auf den 25. Dezember zu verlegen. Und der wortgewaltige Prediger liefert nur eine Begründung dafür, warum das Fest an einem anderen Tag gefeiert werden muß, nicht jedoch, daß man dieses Fest überhaupt feiern muß.

Diese Betrachtung der Predigt vor dem Hintergrund der nahezu chaotischen Zustände in Antiochien zeigt eindeutig, daß es niemals Ziel des Predigers gewesen ist, das Weihnachtsfest, genauer gesagt, eine Feier der Geburt Christi an sich als neues Fest einzuführen. Denn ein Fest mit diesem Inhalt wurde bereits gefeiert, nur nicht am 25. Dezember, sondern am 6. Januar. Die Berechnungshypothese, nach der altkirchliche Berechnungen zur Einführung des Weihnachtsfestes führten, da man auf einmal den Geburtstag Jesu herausgefunden hatte, kann sich damit nicht mehr auf die Predigt des Johannes Chrysostomos stützen. Zur Zeit seiner Predigt gab es zwei derartige Feste. Und so war sein Anliegen nur, die Geburtsfeier Jesu vom Januar in den Dezember zu verschieben, um so das Fest in Einheit mit der ganzen Kirche zu feiern.

Auch der weitere Geschichtsverlauf scheint diese Einschätzung der Predigt zu bestätigen. Als Johannes Chrysostomos seine berühmte Predigt hielt, war bereits Evagrius

Bischof der zu Paulinus gehörigen Gemeinde. Nach dessen Tod (um das Jahr 394) vereinigten sich diese zwei Gemeinden von Antiochien wieder. Einmal mehr bewahrheitet sich der Grundsatz: liturgische Einheit und kirchliche Einheit gehören zusammen, kirchliche Einheit drückt sich durch die liturgische Einheit aus, die kirchliche Gemeinschaft ist in den gemeinsamen Feiern sichtbar, während eine kirchliche Spaltung oft auch in unterschiedlichen liturgischen Traditionen zum Ausdruck kommt. Ja, eine Spaltung führt oft sogar dazu, daß bewußt unterschiedliche Feiern in den getrennten Gemeinschaften eingeführt werden, um sich so voneinander abzusetzen.

Man darf natürlich jetzt die Vermutung äußern, daß Kaiser Theodosius I. an diesen Entwicklungen in Antiochien nicht ganz unschuldig war. Im Jahr 379 war er Kaiser von Konstantinopel geworden. Er mußte sich gegen Einmischungen westlicher Bischöfe in seine Diözesen zur Wehr setzen. Unter der Führung des Ambrosius schrieb eine italienisch-abendländische Synode in Rom im Jahr 382 einen Brief an Theodosius. Paulinus von Antiochien sei der rechtmäßige Bischof dieser Stadt und nicht Flavian, der Johannes Chrysostomos die erste Weihnachtspredigt in Antiochien halten ließ. Auch der von dem Konzil in Konstantinopel gewählte Bischof dieser Stadt, Nektarius von Konstantinopel, sei unrechtmäßiger Bischof. Man forderte die Anerkennung der eigenen Kandidaten – andernfalls gäbe es keine Kirchengemeinschaft zwischen den beiden Reichsteilen. Theodosius beharrt auf seinen Kandidaten, schafft es jedoch, einen verbindlichen Ton zu finden.

Dieser Streit um die Rechtmäßigkeit des Paulinus von Antiochien stammte aus der Zeit vor Kaiser Theodosius, war aber unter seiner Herrschaft zu einem vorläufigen Gipfel gelangt. Beispielhaft zeigt er die gespannte kirchliche Lage zwischen Ost und West. Ein Auseinanderbrechen der Kirchengemeinschaft hätte auch gewaltige politische Auswirkungen gehabt. Eine Zusammenarbeit der beiden Kaiser wäre letztlich unmöglich gewesen, was das Reich empfindlich geschwächt hätte.

Die Anfangszeit der Regierung des Theodosius brachte zwei wichtige Änderungen für Konstantinopel, die Hauptstadt der östlichen Reichshälfte. Unter Berufung darauf, daß sie Kaiserstadt ist, erhält ihr Bischof auf Betreiben des Kaisers auf dem Konzil von Konstantinopel dieselbe Ehrenstellung innerhalb der Bischöfe des Ostens wie der Bischof von Rom für den Westen. Alexandria, bis zu diesem Zeitpunkt wichtigstes Bistum des Ostens, wird durch diese Entscheidung abgewertet. Die zweite Änderung betrifft den Festkalender der Kirche: Bischof Gregor von Nazianz – in den ersten Regierungsjahren des Theodosius Bischof in Konstantinopel – führte (wohl am 25. 12. 380) das Weihnachtsfest in Konstantinopel ein. Daß dieses Fest bereits im Jahr nach dem Regierungsantritt des Theodosius in Konstantinopel gefeiert wurde, dürfte kluger politischer Überlegung entspringen. Der Kaiser wird hier sicher seinen Einfluß geltend gemacht haben: Man entfernte dadurch einen möglichen Anlaß, der zur gefürchteten Aufkündigung der Kirchengemeinschaft zwischen Ost und West hätte führen können. Die politischen Erwägungen, die wohl hinter dem kirchenpolitischen Handeln des Kaiser Theodosius standen, führten zu dem von ihm erhofften Ergebnis: Von 392 bis zu seinem Tod im Jahr 395 war er Alleinherrscher des römischen Imperiums. Ambrosius, der ihn einst so bedrängt hatte, hielt seine Leichenrede.

Und so scheint es nicht nur denkbar, sondern sogar wahrscheinlich, daß der Kaiser auch auf die Situation in Antiochien Einfluß genommen haben könnte: Flavian wurde vom Westen nicht als rechtmäßiger Bischof anerkannt.

Paulinus hingegen, der vom Westen akzeptierte Bischof, dürfte das Weihnachtsfest spätestens seit 378 in Antiochien gefeiert haben. Was liegt näher, als daß der Kaiser seinem Kandidaten nahelegt, das Fest, das ja auch in der Hauptstadt des Ostens bereits seit einigen Jahren gefeiert wurde, in Antiochien einzuführen, um die Angriffe des Westens abzuschwächen. Daß dann Johannes Chrysostomos eine geniale Argumentation für die Verschiebung der Geburtsfeier Christi von Epiphanie nach Weihnachten gefunden hat, ist der Wahl des Festpredigers zu verdanken, die Bischof Flavian getroffen hat. Die Geburt Jesu mit der Geburt des Johannes zu verbinden, um dann zu behaupten, daß Zacharias, der Vater des Johannes, als Hoherpriester im Allerheiligsten war, als ihm der Engel erschien und ihm die Geburt eines Sohnes ankündigte, ist sicher eine Meisterleistung. Eingeführt wurde ein Geburtsfest Christi aufgrund dieser Berechnungen des wortgewandten Predigers allerdings nicht. Es wurde durch diese Predigt nur vom 6. Januar auf den 25. Dezember verschoben, und doch wird die Argumentation dieser Predigt noch heute von einigen Forschern als Indiz dafür herangezogen, daß durch diese Überlegungen überhaupt erst ein Geburtsfest Jesu entstanden sei. Hier ist die Betrachtung der historischen Situation, in der eine solche Predigt gehalten wird, hilfreich, um ihr eigentliches Anliegen zu verstehen.

Das scheint auch der Kardinalfehler zu sein, der sehr oft bei der Betrachtung dieser Predigt gemacht wird. Zu wenig wird die politische Situation wie auch die kirchliche Situation in Antiochien berücksichtigt. Kirchlicherseits bestand eigentlich kein Interesse, das Weihnachtsfest in Antiochien einzuführen, feierte man die Geburt Christi ja bereits an Epiphanie – und daß das Epiphaniefest bereits vor der Einführung des Weihnachtsfestes in Antiochien gefeiert wurde, ist erwiesen. Und – so werden die stolzen

Antiochener gleich die nicht minder stolzen Jerusalemer gefragt haben – warum soll man ein römisches Fest übernehmen, wenn man ein eigenes Fest für die Feier der Geburt Christi besitzt? So diente die Predigt des Johannes Chrysostomos nicht der Einführung des Weihnachtsfestes als Geburtsfest Christi, sondern nur der Verschiebung des Geburtsfestes Christi von Epiphanie nach Weihnachten. Man darf also getrost die wissenschaftliche Annahme verwerfen, daß es fromme Berechnungen waren, die zur Einführung des Weihnachtsfestes im Osten führten.

Weitere Berechnungen

Einmal in der Welt, wurde auch in späterer Zeit die Berechnung des Johannes Chrysostomos wieder aufgenommen. Ein armenischer Gelehrter, Ananias der Rechner, kommt im siebenten Jahrhundert mit einem einfachen und doch genialen Kniff mit Hilfe dieser Berechnung zu dem von ihm gewünschten Ergebnis, daß Epiphanie doch das richtige Geburtsfest Jesu ist. Auch ein anderer Text ist hier zu erwähnen, der Traktat »Über die Sonnwenden und die Tagundnachtgleichen« (De solstitiis et aequinoctiis). Sein Entstehungsjahr ist unbekannt; von manchen wird dieser Traktat in das vierte Jahrhundert datiert. Hier ist allerdings zu einer gewissen Zurückhaltung bei einer so frühen Datierung zu mahnen. Manche Forscher glauben, daß dieser lateinische Traktat die Grundlage gebildet habe, auf der Johannes Chrysostomos seine Argumentation aufgebaut hat. Die Folgen wären großartig. Man hätte die Vorlage gefunden, die ja dann tatsächlich mit größter Wahrscheinlichkeit viel älter wäre als die Einführung des Weihnachtsfestes. Damit könnte wiederum bewiesen werden, daß es doch Berechnungen und nicht andere Überlegungen waren, die zur Einführung des Weihnachtsfestes führten.

Nun, hier ist zur Vorsicht zu mahnen. Einerseits darf nicht übersehen werden, daß es sich um einen anonymen Traktat handelt, daß der Autor also unbekannt ist. Dies läßt grundsätzlich auch die gegenläufige Hypothese zu, daß dieser Text sehr spät entstanden sein könnte. Und so sollte man sehr gut überlegen, bevor man einen nur unsicher datierbaren Text als die sichere Grundlage des Weihnachtsfestes annimmt. Schließlich bedarf es guter und nachvollziehbarer Argumente, um eine derartige Datierung zu verteidigen.

Doch es gibt noch weit wichtigere Gründe, die zu größter Zurückhaltung bei einer Datierung des Traktates auf die Zeit vor der Predigt des Chrysostomos mahnen, schließlich weisen Indizien innerhalb des Traktates in die entgegengesetzte Richtung, scheint es doch Argumente dafür zu geben, daß der anonyme Traktat die Berechnung des Johannes Chrysostomos stillschweigend voraussetzt. Dies läßt sich an Hand des Traktates am besten darstellen, und so soll er selbst zu Wort kommen. In der Einleitung heißt es (Z. 15f): »Der Herr selbst ist der Erschaffer und Trenner von Licht und Finsternis. Er wurde durch die Prophezeiung als Sonne der Gerechtigkeit bezeichnet. Er erleuchtet die Welt, der für die Fleischlichen Fleisch wurde und Sterblicher für die Sterblichen.« Bereits durch diese Einleitung nimmt der Traktat geistige Verbindung zum Traktat »Berechnung über das Pascha« auf, der aus der Zeit um die Mitte des 3. Jahrhunderts stammt. Christus wird als Sonne der Gerechtigkeit bezeichnet, und es wird eine Beziehung zur Schöpfung der Welt hergestellt.

Wenige Zeilen weiter wird das Ziel des Traktates *De solstitiis et aequinoctiis* dargelegt (Z. 25–29): »Denn dieser selbst ist unser Licht und das wahre Licht, das durch sein Kommen in diese Welt unsere Herzen erleuchtet hat. Nicht nur über seine Ankunft und sein Leiden haben Moses und die Propheten vorherverkündet, sondern sie gaben auch Zeichen und Hinweise, welche die Zeit seiner Empfängnis und Geburt betreffen.«

Das Programm des Traktates gleicht somit dem der Predigt des Johannes Chrysostomos. Aufgrund biblischer Belege soll die Zeit von Empfängnis und Geburt Jesu berechnet werden (Z. 29–34): »Deswegen hat der Herr selbst den Juden gesagt (Joh. 5,39): ›Ihr sucht in der Schrift, denn ihr meint, ihr habt das ewige Leben darin; und sie ist's, die von mir zeugt.‹ Und weiter sagte er zu ihnen: ›Ihr Heuchler! Über das Aussehen der Erde und des Himmels könnt ihr urteilen; warum aber könnt ihr über diese Zeit nicht urteilen?‹« Mit diesen Worten aus der Heiligen Schrift versucht der unbekannte Verfasser des Traktates seine Leser davon zu überzeugen, daß in den biblischen Schriften die Lösung für die Frage nach Christi Geburt zu finden ist. Dies scheint um so glaubwürdiger, lassen sich doch Aussprüche Christi finden, die dies zu bestätigen scheinen.

Hier ist der Punkt, um mit einer kritischen Betrachtung der anonymen Schrift *De solstitiis et aequinoctiis* zu beginnen und ihr Verhältnis zur Predigt des Johannes Chrysostomos genauer zu untersuchen. Wenn man den Traktat mit der Predigt des Johannes Chrysostomos vergleicht, so scheinen beide das gleiche Ziel zu haben. Biblische Geschichten erhellen die Geburt des Erlösers, und zwar nicht nur theologisch durch die Aussage der Engel, »heute ist euch der Heiland geboren«, sondern auch historisch. Und doch fallen bereits hier Unterschiede in der Argumentation auf. Johannes Chrysostomos bemüht die Bibel. Man müsse nur, so meint er, genau suchen, dann würde man das Gesuchte finden. Anders der unbekannte Verfasser, der ja doch nach der Meinung mancher Forscher bereits vor Johannes Chrysostomos geschrieben haben soll. Er bemüht nicht nur die Bibel, er führt Worte dessen an, nach dessen Geburt geforscht wird. Jesus selbst soll nach dieser Berechnung bereits vorausgesagt haben, daß sich der Termin seiner Geburt aus den Schriften der Bibel ableiten lasse. Ist dies nicht eine Verbesserung der Argumentation gegenüber dem Prediger aus Antiochien? Die Autorität, auf die sich dieser Traktat beruft, ist noch höher: Nicht mehr einfach die Schrift beweist es, sondern »der Herr« selbst sagt, daß es sich aus der Schrift beweisen läßt.

Doch ist es gerade diese höhere Autorität gegenüber den Argumenten des Johannes Chrysostomos, die zur Vorsicht mahnt. Wenn Johannes Chrysostomos diese Argumentation gekannt hätte, so wäre anzunehmen, daß er sie verwendet hätte. Warum sollte er, der gegen so große Widerstände das Weihnachtsfest in seiner Stadt einführen wollte, ein so gutes Argument auslassen? Und die Widerstände, die er zu überwinden hatte, waren groß, so groß, daß man fast schon in Versuchung ist zu sagen, ihm wäre jedes Mittel recht gewesen, um seine Gemeinde vom Weihnachtsfest zu überzeugen, hingen doch alle offensichtlich sehr stark am Epiphaniefest als »ihrem« Geburtsfest Jesu.

Der Traktat erweitert dann noch sein Programm. Nicht nur die Empfängnis und Geburt Jesu, sondern auch die des Johannes sollen berechnet werden. Auch darin liegt eine interessante Weiterentwicklung der Argumentation des Predigers aus Antiochien: Dieser ist nur insofern an der Geschichte des Johannes interessiert, als sie Licht auf das Leben Jesu wirft. Die Empfängnis des Johannes braucht er, um von hier ausgehend die Empfängnis Jesu zu berechnen. An die Geburt des Johannes verschwendet er aber keinen Gedanken. Anders der Traktat. Ausführlich wird begründet, daß neben seiner Empfängnis auch die Geburt des Täufers berechnet werden soll. Begründet wird dies damit, daß ja Johannes der Vorläufer Jesu war (Mt. 3,11b): »Der aber nach mir kommt, ist stärker als ich, und ich bin es nicht wert, ihm die Schuhe zu tragen.« Vielleicht war ein bereits weiterentwickelter Festkreis der Kirche Hintergrund dieser Überlegungen. Auch das würde aber für eine spätere Entstehungszeit dieses Textes sprechen.

Auffällig ist auf jeden Fall, daß auch das Fest der Geburt des Johannes auf einen Wendepunkt im Sonnenjahr, die Sommersonnenwende, fällt. Die Johannisfeuer sind in vielen Gegenden auch heute noch ein Begriff. So sehr noch nichts Endgültiges gesagt werden soll, so scheint doch eine gewisse Verbindung zwischen Sonnenjahr und Fest des Täufers einleuchtender als die verworrenen Argumente, die dann in dem Traktat angeführt werden. Allerdings soll durch die Annahme, daß eine Verbindung zwischen Sonnenjahr und christlichem Festkalender besteht, noch kein Urteil darüber gefällt werden, wie diese Beziehung zu werten ist.

Im weiteren Verlauf der Darlegungen wird der Prophet Sacharja bemüht (Sach. 8,19). Da dieser gesagt habe, daß im vierten, im siebenten und im zehnten Monat ein Fest gefeiert werden müsse, habe er – ausgehend vom Jahresbeginn am 1. März – den Juni, September und Dezember gemeint und dadurch bereits auf die Geburt des Johannes im Juni, seine Empfängnis im September und die Geburt Jesu Christi im Dezember hingewiesen. Daß entgegen dem antiken römischen Jahr, das tatsächlich mit dem ersten März begann – deswegen heißen ja auch die Monate September bis Dezember übersetzt siebenter, achter, neunter und zehnter Monat, deswegen wird auch der überzählige Tag am Ende des Februar, am letzten Tag des Jahres, angehängt – daß entgegen diesem römischen Jahr das jüdische Jahr keine Fixpunkte im Sonnenjahr kennt, sondern als Mondjahr gerechnet wird, stört den Autor dieses Traktates nicht. Ohne weiteres Nachdenken wird die Sacharja-Stelle auf das Sonnenjahr angewendet.

Spannend wird die Situation jedoch, wenn der Traktat zur eigentlichen Argumentation des Johannes Chrysostomos vorstößt. Mit keinem Wort erwähnt der Traktat die ausführliche Beweisführung des Johannes Chrysostomos, der mit größter Mühe die biblische Geschichte biegt und verbiegt, bis sie ihm das gewünschte Ergebnis liefert: Zacharias war am großen Versöhnungstag im Allerheiligsten, als ihm der Engel erschien. Von einer derartigen Beweisführung kann im Traktat keine Rede sein. Einfach vorausgesetzt ist die Tatsache, daß Zacharias tatsächlich Hoherpriester war. Statt dessen wird das Johannesevangelium bemüht, um nachzuweisen, daß Johannes der Täufer am Tag der Tag- und Nachtgleiche empfangen wurde (Joh. 3,30): »Er muß wachsen, ich aber muß abnehmen.« Auch hier scheint ein Doppeltes aus dem Traktat hervorzugehen. Er kann sich auf Johannes Chrysostomos stützen, er darf einfach voraussetzen, daß Zacharias Hoherpriester war. Der Beweis wurde ja bereits geliefert. Und es besteht ein großes Interesse daran, daß die Empfängnis des Johannes nicht nur am großen Versöhnungstag stattfand, sondern daß es sich dabei auch noch um den 24. September gehandelt haben muß.

Wichtig sind dann einige Schlußbemerkungen des Traktates: Ohne weitere Begründung wird erwähnt, daß Geburt und Tod Jesu auf einen 25. März, ein Pascha fielen. Auch hier scheint der Traktat von älteren Quellen beeinflußt, es sei nur auf den oben erwähnten Traktat *De Pascha computus* verwiesen, der Empfängnis und Tod Jesu auf den 25. März legt. Im Gegensatz zu diesem finden sich jedoch im Traktat *De solstitiis* keine Berechnungen der Ostertermine. Vom Tag der Geburt des Täufers wird gesagt, daß er auch »Tag der Fackeln« genannt werde – vielleicht haben wir es hier schon mit Sonnwendfeuern zu tun, die später auch als Johannisfeuer bezeichnet wurden. Der Tag der Geburt Jesu, die Wintersonnenwende, werde auch »Tag des Unbesiegten« genannt. Dieser »Unbesiegte« sei Jesus Christus, auf ihn wird hier einmal mehr die bereits erwähnte Stelle aus dem Propheten Maleachi von der Sonne der Gerechtigkeit angewendet.

Was bedeutet das aber? Doch wohl nichts anderes, als daß der Autor des Traktates auf Quellen zurückgegriffen hat, die Johannes Chrysostomos noch nicht zur Verfügung hatte. Die Steine, die zusammen das Mosaik ergeben, sollen noch einmal kurz zusammengefügt werden, um dies deutlich zu machen. Der Schreiber des Traktates beruft sich auf höhere Autoritäten – nicht nur die Schrift, der Herr selbst hat gesagt. Es werden mehr historische Daten ermittelt: Neben der Geburt und der Empfängnis Jesu auch noch Geburt und Empfängnis des Johannes des Täufers – während der Termin der Geburt des Täufers bei Johannes Chrysostomos nicht einmal erwähnt wird und die Empfängnis des Johannes »gegen Ende des September« stattfand, obwohl es eigentlich von der biblischen Geschichte her naheliegt, die Geburt des Johannes mit in die Berechnung einzubeziehen, blieb doch Maria bis zur Geburt des Johannes bei ihrer Base Elisabeth. Wohl am auffälligsten ist jedoch, daß der Schreiber des Traktates nicht einmal mehr beweisen muß, daß Zacharias Hoherpriester war. Offensichtlich haben ihn bereits vorliegende Beweisführungen so überzeugt, daß er dies einfach voraussetzten kann. Auch die Verbindung mit den Sonnenwenden, auf die Johannes Chrysostomos keinen Bezug nimmt, die Erwähnung des »Tages der Fackeln« und des »Tages des Unbesiegten« zeigen, daß in diesem Traktat bei weitem mehr Informationen aufgenommen sind, als sich in der Predigt des wortgewandten Kirchenmannes aus

Antiochien finden lassen. Beides, das Voraussetzen dessen, was Johannes Chrysostomos noch beweisen muß, und die größere Genauigkeit bezüglich Johannes des Täufers, weist in eine Richtung: Der Traktat hat eine Berechnung wie die des Johannes Chrysostomos gekannt und seinen eigenen Ausführungen zugrunde gelegt. So muß – entgegen der Hoffnung mancher Forscher – dieser Traktat in eine spätere Zeit datiert werden. Als Grundlage für die Einführung des Weihnachtsfestes muß er ausgeschlossen werden, auch wenn gerade die bewußte und ausdrückliche Verbindung mit dem Sonnenjahr, die ja bereits im Titel zum Ausdruck kommt, zu denken gibt.

Der heutige Festkalender des Ostens

Im vorangegangenen Abschnitt war einerseits deutlich geworden, daß im Osten das Weihnachtsfest nicht gut aufgenommen wurde, weil man bereits an Epiphanie die Geburt Jesu feierte. Andererseits war deutlich geworden, daß immer wieder Verwirrung in dieser Frage durch unterschiedliche Kalender hervorgerufen wird. Aus diesem Grunde scheint es sinnvoll, hier einen kurzen Ausflug in die heutige liturgische Ordnung der östlichen Kirchen zu machen, ist doch durch den heutigen Festkalender der orthodoxen Kirchen ein weiteres Mißverständnis entstanden, das bereinigt werden muß. Allgemein kann man hören, daß doch auch heute noch die Orthodoxen an Epiphanie, an unserem Fest der Heiligen Drei Könige Weihnachten feiern. Warum also die Aufregung? Hat sich das Vorhaben, das Weihnachtsfest im Osten einzuführen, nicht ohnehin als Mißerfolg erwiesen? Wofür hat sich Johannes Chrysostomos überhaupt so viel Mühe gegeben? Das orthodoxe Weihnachten ist doch im Januar. Das ist richtig – und stimmt so doch nicht ganz.

Die Alte Kirche hat sehr bald den Julianischen Kalender übernommen – dies in Abgrenzung von den Juden, deren Kalender ja bis heute auf Mondmonaten aufbaut und so nicht im Gleichklang mit dem Sonnenjahr verläuft. So fallen denn auch diejenigen Feste im Verlauf des Kirchenjahres, die vom Mondkalender, von der jüdischen Kalenderzählung, abhängig sind, im Lauf der Jahre auf unterschiedliche Daten des zivilen Kalenders – es sind dies alle Feste und Daten der vorösterlichen Fastenzeit und des österlichen Festkreises angefangen von Aschermittwoch bis zu Himmelfahrt und Pfingsten. Nach der Zählung des jüdischen Kalenders wären diese Tage in den ersten Jahren der Kirche eigentlich immer auf denselben Tag gefallen – dies gilt bis heute, jedoch mit einer entscheidenden Änderung: Auf dem Konzil von Nizäa in der ersten Hälfte des vierten Jahrhunderts wurde beschlossen, daß Ostern nicht am 14. Nisan selbst, sondern am Sonntag nach dem 14. Nisan stattzufinden habe. Der gesamte mit Ostern verbundene Festkreis hat so bis heute keinen festen Ort in unserem Kalender, wird doch das Osterfest noch heute in Anlehnung an das jüdische Pascha-Fest berechnet.

Der Julianische Kalender, den die Kirche übernahm, war von Julius Caesar eingeführt worden. Die durchschnittliche Jahreslänge betrug nach diesem Kalender 365,25 Tage, das heißt, alle vier Jahre fand ein Schaltjahr statt, jedes vierte Jahr wurde im Februar ein zusätzlicher Tag eingefügt. Allerdings stimmt der Julianische Kalender nicht ganz mit dem astronomischen Kalender überein, so daß sich im Laufe der Jahrhunderte eine Verschiebung des Kalenders gegenüber dem natürlichen Jahr ergab. Das natürliche Jahr ist geringfügig kürzer, als von der julianischen Berechnung angenommen wird. In sehr großen Abständen müßte das Schaltjahr ausfallen, damit das natürliche und das Kalenderjahr im Gleichklang bleiben. Der sehr kleine Fehler von 12 Minuten pro Jahr summiert sich in 128 Jahren zu einem ganzen Tag. Und so wanderten die vier Eckpunkte des Sonnenjahres – die beiden Sonnwenden und die beiden Solstitien, die Tagundnachtgleichen – langsam aber sicher den Kalender zurück.

Papst Gregor XIII. ließ im Jahr 1582 diesen Mißstand beheben. Durch die sogenannte »gregorianische Kalenderreform« wurde der Kalender wieder an das natürliche Jahr angeglichen. Im Jahr 1582 fielen 10 Tage (5.-14. Oktober aus). Weiter gilt, daß in den sogenannten Säkularjahren (den durch 100 teilbaren Jahreszahlen) nur die durch 400 teilbaren Jahre (1600, 2000 etc.) Schaltjahre sind, während bei den anderen (1700, 1800, 1900, 2100 etc.) das Schaltjahr entfällt. Allerdings wurde diese Reform des Kalenders zuerst nur in katholisch dominierten Gebieten übernommen. Von den orthodoxen Kirchen wurde diese Reform nicht, oder, wie bei der griechisch-orthodoxen Kirche, erst sehr spät (1923) übernommen. Diese feierten weiterhin ihre Feste nach dem alten Kalender. Und so ist das bei einigen orthodoxen Kirchen – es handelt sich hierbei um die Patriarchate Moskau, Belgrad und Georgien – noch heute. Wegen dieses Kalenderfehlers wird bei den genannten orthodoxen Kirchen das Weihnachtsfest am Termin des Epiphaniefestes gefeiert. Allerdings fällt so auch ihr Epiphaniefest, an dem sie der Taufe Jesu gedenken, erst in die zweite Januarhälfte. Diese Verschiebung der beiden Kalender ist zu bedenken, wenn man heute etwas ungenau formuliert, daß die Orthodoxen an unserem Epiphaniefest ihr Weihnachtsfest feierten. Und gleichzeitig muß betont werden, daß es inzwischen bei weitem nicht mehr alle orthodoxen Kirchen sind, die sich für das Kirchenjahr an den Julianischen Kalender halten. Einzig bei der Berechnung des Ostertermins halten sich alle orthodoxen Kirchen an diesen Kalender – unter Berufung auf einen Beschluß des Konzils von Nizäa (325) –, was dazu führt, daß nur im Ausnahmefall westliches und östliches Osterfest gemeinsam gefeiert werden.

Zwei Feste im Wettstreit

Im Rahmen der Ausbreitung des Weihnachtsfestes in den Osten hatte sich gezeigt, daß es schwere Widerstände gab, da dort bereits ein Geburtsfest Jesu am 6. Januar vorhanden war. Und wozu ein Fest einführen, wenn es – obgleich an einem anderen Tag – bereits gefeiert wird? Diese Doppelung der Feier ist auffällig. Bis hinein in die zweite Hälfte des vierten Jahrhunderts gibt es keinen verläßlichen Zeugen für eine Feier eines dieser beiden Geburtsfeste Jesu. Und dann, mit einem Abstand von höchstens einem Jahr, finden sich Zeugen für eine Feier des Weihnachtsfestes – die bereits erwähnte Predigt des Bischofs Optatus von Mileve – und des Epiphaniefestes – der von Ammianus Marcellinus bezeugte Besuch des Gottesdienstes an einem Epiphaniefest durch Kaiser Julian. Letztlich erweckt das doch den Eindruck, daß beide Feste zur gleichen Zeit in Ost und West unabhängig voneinander entstanden sind. Es scheint also, daß diese beiden Feste auf religiöse Bedürfnisse der jeweiligen Gläubigen reagierten. Es sieht so aus, als ob eine Geburtsfeier Jesu »in der Luft gelegen« hätte – wie anders läßt sich das unabhängige Entstehen zweier unterschiedlicher Feiern mit gleichem Festinhalt erklären.

So muß die Frage lauten: Warum gab es auf einmal im vierten Jahrhundert ein so starkes Bedürfnis, die Geburt des Erlösers zu feiern? Noch an der Wende zu eben diesem Jahrhundert konnte sich Arnobius von Sicca über die lustig machen, die den Natalis Telluris, das Geburtsfest der Tellus, feierten. Wenige Jahrzehnte später existieren gleich zwei Geburtsfeste Jesu in der Kirche. Daß zwei unterschiedliche Feste entstehen, läßt sich noch leichter erklären. Ost und West trennt die Sprachbarriere, nur in der westlichen Reichshälfte spricht man Latein, im ganzen Osten ist Griechisch die Verwaltungssprache der Römer. Sprache und Kultur beeinflussen einander, Sprache und Alltag lassen sich nicht trennen. Und so ist die griechische Kultur, die griechische Bildung und Sprache als Hintergrund für das Epiphaniefest zu betrachten, während der lateinische Westen für das Weihnachtsfest den kulturellen Hintergrund bildet.

Was prägte dieses vierte Jahrhundert, was unterscheidet es von allen vorangegangenen Jahrhunderten, in denen das Christentum existierte? Am Anfang des vierten Jahrhunderts findet sich eine blutige Christenverfolgung; Kaiser Diokletian ließ am 23. Februar 303 die Kirche von Nikomedia (die Stadt entspricht der heutigen türkischen Stadt Izmit, östlich von Istanbul am Marmarameer) zerstören. Am nächsten Tag wurde ein christenfeindliches Edikt veröffentlicht. Gerüchten zufolge, auf die sich der Kirchenhistoriker Eusebius beruft, war ein Orakelopfer des Kaisers ohne Antwort geblieben – und man machte die Christen im kaiserlichen Hofpersonal für das Schweigen des Orakels verantwortlich. Zuerst sollten Christen nur aus allen öffentlichen Positionen entfernt werden und sich von ihrem Glauben abwenden, doch Feuer, die im Palast ausbrachen, ließen die Situation außer Kontrolle geraten. Man hielt sie für christliche Anschläge, und so kam es am Anfang des vierten Jahrhunderts zu einer der blutigsten Verfolgungen in der Geschichte der Christenheit.

Doch das Blatt wendete sich nur ein Jahrzehnt später. Mit dem Jahr 313 wurde in Mailand ein Toleranzedikt erlassen, das den Christen völlige Kultusfreiheit gewährte. Anhänger dieser Religionsgemeinschaft waren von da an allen anderen gleichgestellt. Das Edikt galt zuerst nur für den von Kaiser Konstantin regierten Westen des römischen Reiches. Doch nur wenige Monate später erließ Licinius am 13. Juni ein Toleranzedikt, durch welches die Privilegien des Mailänder Ediktes auch den Christen des Ostens gewährt wurden. Im Herbst des Jahres 324 wurde Konstantin zum Alleinherrscher des römischen Imperiums. Er ließ sich wenige Jahre später an dem schönsten Platz der neugegründeten Stadt Konstantinopel einen Palast bauen. Über eines der Tore ließ er schreiben, Christus habe ihm geholfen, die Flammen des Gewaltherrschers zu löschen und ihm die Macht über die gesamte bewohnte Erde verliehen – wegen seiner dauernden Verehrung des Göttlichen.

Mit diesem deutlichen Zeichen des Kaisers hatte sich das Blatt für die Christen endgültig gewendet. Man war nicht mehr verfolgte Minderheit, tolerierte Sekte oder mißtrauisch beäugter Fremdkörper im römischen Reich. Statt dessen galt zunächst eine grundsätzliche Religionsfreiheit für die Christen seit dem Jahr 313, spätestens mit dieser Inschrift über dem Tor des kaiserlichen Palastes hatte sich die Lage der Christen aber entscheidend zum Guten gewendet. Der Gott der Christen hatte dem Konstantin zum Sieg verholfen – und damit waren die Christen die erste Religion im ganzen römischen Imperium, während die anderen zwar noch toleriert wurden, doch die Geschichte zeigt, daß diese Toleranz auch nur von kurzer Dauer war. Noch im selben Jahrhundert wurde das Christentum durch die Gesetzgebung des Kaisers Theodosius in den Jahren nach 380 schrittweise zur alleinigen Staatsreligion. Aus der verfolgten Minderheit war binnen weniger Jahrzehnte zuerst eine privilegierte Minderheit und dann die Religion des Reiches geworden.

Was bedeutet diese Situation jedoch für die Kirche? Auf einmal kann man sich nicht mehr als verfolgte Minderheit oder auserwählte Gruppe gegenüber der Mehrheit der Bevölkerung abgrenzen. Vermehrt treten Menschen in die Kirche ein, die einen anderen kulturellen Hintergrund besitzen, verstärkt muß es auch der Kirche ein Anliegen sein, sich nicht mehr durch Abgrenzung von den »anderen« zu definieren, sondern der breiten Masse der Bevölkerung eine Heimat zu bieten. Wichtiges Ziel der Kirche war ja die Mission der Welt (Mt. 28,19f): »Darum gehet hin und machet zu Jüngern alle Völker: Taufet sie auf den Namen des Vaters und des Sohnes und des Heiligen Geistes und lehret sie halten alles, was ich euch befohlen habe.« Und in dieser historischen Situation entstehen zwei Feste mit gleichem Inhalt in den verschiedenen Teilen des römischen Reichs. Darf man hier nicht die Vermutung aufstellen, daß dieses Fest einem damaligen »Bedürfnis« entsprang, daß die Bevölkerung sich danach sehnte, ein derartiges Fest zu feiern? Dafür spricht ja auch, daß es bereits wenige Jahrzehnte nach seiner Einführung einer großen Überredungskunst bedurfte, dieses Geburtsfest im Osten vom 6. Januar auf den 25. Dezember zu verschieben. Offensichtlich war diese Feier am 6. Januar so beliebt, weil sie den Menschen von Antiochien etwas mitzugeben hatte.

Doch auch ein weiterer Gesichtspunkt in dieser historischen Spurensuche ist es wert, betrachtet zu werden. Im Osten, wohl in Jerusalem, entstand das Epiphaniefest. Mit seiner Einführung im Westen wurde es dort zum Fest der Heiligen Drei Könige. Im Osten selbst wurde dieses Fest mit der Einführung des Weihnachtsfestes zum Fest der Taufe Jesu. Im Westen wird die Geburtsthematik durch die drei Weisen aus dem Morgenland sinnvoll weitergeführt. Das Jesuskind ist auf der Welt, und die Könige kommen, um es anzubeten. Außerdem war ja, wie oben bereits gezeigt wurde, die Anbetung der Magier eine zentrale Bibelstelle, die in Jerusalem am Epiphaniefest verlesen wurde, als man dort das Weihnachtsfest noch nicht kannte. Diese Stelle wanderte jedoch im Osten von Epiphanie zum Weihnachtsfest. So bildet dort die Geschichte von den drei Königen einen zentralen Bestandteil des Weihnachtsfestes. Am Epiphaniefest gedenkt man hingegen der Taufe Jesu. Im Rahmen der biblischen Berichte von der Taufe Jesu findet sich bei Matthäus, Lukas und Markus der Geist Gottes, der herabkommt, und die Stimme aus dem Himmel, die erklärt, daß der Getaufte der geliebte Sohn Gottes ist, an dem Gott sein Wohlgefallen hat. Wenn man hierzu noch die Unterredung Jesu mit dem Pharisäer Nikodemus hinzufügt, so erscheint die Ersetzung der Geburtsthematik durch die Taufe Jesu plötzlich in einem besonderen Licht (Joh. 3,4–5): »Nikodemus spricht zu ihm: Wie kann ein Mensch geboren werden, wenn er alt ist? Kann er denn wieder in seiner Mutter Leib gehen und geboren werden? Jesus antwortete: Wahrlich, wahrlich, ich sage dir: Es sei denn, daß jemand geboren werde aus Wasser und Geist, so kann er nicht in das Reich Gottes kommen.«

Taufe als zweite Geburt des Menschen, Taufe Jesu auch als seine zweite Geburt: Kann das nicht eine sehr einleuchtende Erklärung dafür sein, warum im Osten das Epiphaniefest gerade diesen Inhalt angenommen hat? Hat man sich dort nicht auf diesem Weg die Geburt Jesu am Epiphaniefest erhalten wollen? Letztlich wäre doch sonst zu erwarten, daß in Ost und West dieses Fest denselben Inhalt hat. Was soll der Grund dafür sein, daß man hier am Epiphaniefest der drei Weisen aus dem Morgenland gedenkt, während dort die Taufe Jesu Inhalt des Festes ist? Und so liegt es nahe, daß der ursprüngliche Festinhalt hier weiterlebt, daß es die Taufe Jesu als seine zweite Geburt am 6. Januar den Gläubigen im Osten leichter machte, das Geburtsfest Jesu von dort auf den 25. Dezember zu verschieben. Auch und gerade diese unterschiedlichen Festinhalte des Epiphaniefestes in Ost und West unterstreichen noch einmal das Geschehen: Weihnachten und Epiphanie bilden zwei Feste mit identischem Inhalt. Gleichzeitig war im Osten die Anhänglichkeit an den Termin so groß, daß man als Ersatz einen Festinhalt wählte, der dem Weihnachtsfest theologisch sehr nahe steht: Die Taufe Jesu als seine zweite Geburt. Im Westen hingegen übernahm man die Festlesung von der Anbetung der Magier und machte Epiphanie schlicht zum Fest der Heiligen Drei Könige.

Zwischen heidnischer und christlicher Welt

Epiphanie

Hier scheint der Augenblick gekommen, einmal unvoreingenommen den Blick vor die Tore der Kirche zu werfen und nach Gründen zu suchen, warum die Menschen der damaligen Zeit im Osten dem Epiphaniefest und im Westen dem Weihnachtsfest so innig verbunden waren, und nach den Ursachen zu forschen, warum bis heute das Weihnachtsfest nicht unumstritten ist – behaupten doch manche, daß es eine nur sehr mangelhafte Christianisierung eines heidnischen Festes sei. Die Ablehnung dieser heidnischen Wurzeln ging so weit, daß manche Übereifrige – vor allem in der englischen Reformation – sogar das Weihnachtsfest selbst abschaffen wollten. Die Begründung liegt auf der Hand: Das christliche Mäntelchen bedecke nur notdürftig den heidnischen Kern, und so müsse dieses Fest fallen.

So scheint es sinnvoll, zuerst das weniger emotional besetzte Fest, das Epiphaniefest, zu betrachten, ist doch eine gefühlsmäßige Beziehung zu einer Sache oftmals gleichzeitig ein Hindernis, diese unvoreingenommen zu betrachten. Gleichzeitig muß jedoch offen bleiben, was die Ergebnisse und mögliche Parallelen zwischen den christlichen Feiern und heidnischen Festen zu sagen haben, was es bedeutet, falls solche Parallelen glaubhaft gemacht werden können.

Das Epiphaniefest wird am 6. Januar gefeiert, wobei die Nacht davor mit Gebeten verbracht wurde. Von der Liturgie in Bethlehem und Jerusalem berichtet uns die Pilgerin Egeria sogar von einer nächtlichen Wallfahrt von Bethlehem nach Jerusalem. Die Nacht vom 5. auf den 6. Januar war jedoch auch in anderer Hinsicht bedeutsam – wie bereits erwähnt, feierte nach Clemens von Alexandrien am Ende des zweiten Jahrhunderts ein Teil der Basilidianer in dieser Nacht die Taufe Jesu. Andere Mitglieder dieser gnostischen Sekte wählten dafür den 10. Januar.

Und tatsächlich ist diese Nacht vom 5. auf den 6. Januar sowie der 6. Januar selbst religionsgeschichtlich bedeutsam. In Ägypten war diese Nacht und der folgende Tag dem Osiris geweiht. In Alexandria feierte man die Geburt des »Aion«. Epiphanius von Salamis gibt in einem in den siebziger Jahren des vierten Jahrhunderts entstandenen Werk einen eindrucksvollen Bericht von dieser Feier (*Panarion omnium haeresium* – Kästchen aller Häresien 51:22:8–11). Er versetzt den Leser nach Alexandria in das sogenannte Korion. Dies ist ein großer Tempel, welcher der Kore (übersetzt: »Jungfrau«, »junge Frau«) geweiht ist. Dort durchwachen die Götzendiener vor dem Tag des Epiphaniefestes die ganze Nacht unter Gesängen und Flötenspiel, mit welchen sie das Götzenbild verehren. Und wenn diese Nachtwache vollendet ist, das ist nach dem ersten Hahnenschrei, nehmen sie Fackeln und gehen in ein unterirdisches Heiligtum. Von dort nehmen sie das geschnitzte Bild eines Kindes, das nackt auf einer Bahre sitzt. Auf seiner Stirne befindet sich ein kreuzförmiges Zeichen aus Gold, das sich auch an beiden Händen und den Knien findet. Dieses geschnitzte Bild wird siebenmal um den innersten Raum des Tempels getragen, während Flöten und Pauken erklingen und die Anwesenden Lieder singen. Danach wird die Statue wieder in den unterirdischen Raum des Tempels hinabgetragen. Gefragt, was sie tun, antworten sie, daß in dieser Stunde die Kore – das heißt übersetzt die »Jungfrau« – den Aion geboren habe. Diese Feier steht offensichtlich in Verbindung mit der Geburt des Horus-Knaben aus seiner jungfräulichen Mutter Isis. Man darf sogar vermuten, daß es sich bei den kreuzförmigen Zeichen, die nach dem Bericht des Epiphanius die Statue geschmückt haben, um das ägyptische Lebenszeichen gehandelt hat.

Mehrere Elemente sind auffällig an dieser Feier: Daß bereits die Nacht vor dem eigentlichen Tag durchwacht wird, daß die Geburt eines offensichtlich göttlichen Kindes gefeiert wird und daß Fackeln ausdrücklich von Epiphanius erwähnt werden. Auch Egeria war das Licht bei der Epiphaniefeier in Jerusalem aufgefallen, auch bei diesem Fest geht es um die Geburt eines Kindes. Dies sind äußere Ähnlichkeiten zwischen den beiden Feiern, die erwähnt werden müssen, ohne daß damit mehr gesagt werden soll, als durch die rein äußerliche Ähnlichkeit in das Blickfeld rückt.

Für die Ägypter hatte dieser Tag auch noch eine andere Bedeutung. An ihm erlebten sie kultisch den Tod des Gottes Osiris und seine Errettung durch Isis. Dies wurde durch nächtliche Kulthandlungen am Nil gefeiert, war doch der Nil die Lebensader Ägyptens.

Auch zu dem hellenistischen Gott Dionysos gibt es Verbindungen an diesem Tag. Im Zuge der Hellenisierung der ägyptischen Erzählungen verband sich wohl der Tag des Osiris mit dem des Dionysos. Bereits bei den Griechen wurde jedes Jahr im Januar zu Ehren des Dionysos das Fest der »Lenäen« gefeiert. Das sogenannte »Lenaion«, ein dem Dionysos geweihter Bezirk in Athen im Süden der Akropolis, umfaßte zwei Tempel und ein Theater. Dem Mythos nach erschien der Gott Dionysos in der Nacht auf den 6. Januar auf Erden und Quellen, die dieser Gott liebte, ließen ihm zu Ehren statt Wasser Wein sprudeln.

Bei der Verwandlung von Wasser in Wein sei an die biblische Überlieferung des Wunders bei der Hochzeit zu Kana erinnert (Joh. 2,1–11): »Und am dritten Tage war eine Hochzeit in Kana in Galiläa, und die Mutter Jesu war da. Jesus aber und seine Jünger waren auch zu der Hochzeit geladen. Und als der Wein ausging, spricht die Mutter Jesu zu ihm: Sie haben keinen Wein mehr. Jesus spricht zu ihr: Was geht's dich an, Frau, was ich tue? Meine Stunde ist noch nicht gekommen. Seine Mutter spricht zu den Dienern: Was er euch sagt, das tut. Es standen aber dort sechs steinerne Wasserkrüge für die Reinigung nach jüdischer Sitte, und in jeden gingen zwei oder drei Maße. Jesus spricht zu ihnen: Füllt die Wasserkrüge mit Wasser! Und sie füllten sie bis obenan. Und er spricht zu ihnen: Schöpft nun und bringt's dem Speisemeister! Und sie brachten's ihm. Als aber der Speisemeister den Wein kostete, der Wasser gewesen war, und nicht wußte, woher er kam – die Diener aber wußten's, die das Wasser geschöpft hatten – ruft der Speisemeister den Bräutigam und spricht zu ihm: Jedermann gibt zuerst den guten Wein und, wenn sie betrunken werden, den geringeren; du aber hast den guten Wein bis jetzt zurückbehalten. Das ist das erste Zeichen, das Jesus tat, geschehen in Kana in Galiläa, und er offenbarte seine Herrlichkeit. Und seine Jünger glaubten an ihn.«

Die Hochzeit zu Kana war gegen Ende des vierten und Anfang des fünften Jahrhunderts eine zentrale Lesung im Gottesdienst am Tag des Epiphaniefestes in manchen Gegenden des Ostens. Und hier regt sich dann doch die Frage, ob dies nicht eine sehr offensichtliche Parallele ist, ob dieser Festinhalt nicht bewußt gewählt wurde, um den Gläubigen das zu vermitteln, was sie kannten. Gleichzeitig steht man vor der zusätzlichen Frage, was das für die Reinheit des Gottesdienstes bedeutet. Wird hier etwa doch Heidnisches in den christlichen Gottesdienst hineingetragen? Doch bevor ein Urteil gefällt wird, soll die Situation für das Weihnachtsfest untersucht werden.

Weihnachten

Im dritten Jahrhundert kam mit Kaiser Eleagabal († 222 n. Chr.) der Kult des Sonnengottes aus dem Osten mit aller Macht nach Rom. Eleagabal war vor seinem Amtsantritt als Kaiser Priester des syrischen Sonnengottes in Emesa am Ufer des Orontes gewesen. Sein Beiname weist auf diese Tätigkeit. Eleagabal, »Heliogabalus« bedeutet Helios (Sonne) von Gabal (heute der türkische Ort Dschebêl). In Rom übernahm er das Amt des obersten Priesters beim Kult des Sonnengottes. Ihm wird nachgesagt, daß er dabei auch alle Ausschweifungen des orientalischen Kultes übernommen habe. Der Kaiser erhob den Sonnengott unter seinem griechischen Namen »Helios« zum obersten Gott des römischen Reiches. Nach dem Sturz des Kaisers Eleagabal geriet der Kult des Sonnengottes – vielleicht auch wegen der damit verbundenen orientalischen Riten – in Vergessenheit.

Erst ein halbes Jahrhundert später kam er unter Kaiser Aurelian – diesmal viel stärker als aufgeklärter Monotheismus und viel weniger als orientalischer Kult – wieder zu Ehren. Dieser stiftete im Jahr 274 einen Tempel zu Ehren des Sonnengottes, und zwar am 25. Dezember, dem »Geburtstag des Sonnengottes«, galt doch nach dem alten Julianischen Kalender der 25. Dezember als Tag der Wintersonnenwende. Diese Hinwendung zum Sonnengott war der letzte Versuch, dem Römischen Reich eine religiöse – und politische – Einheit zu geben. Teil dieses

Versuches war die Identifikation des Kaisers als irdischer Repräsentant des Sonnengottes. Opfer, die dem Sonnengott, dem Schutzgott des Reiches, dargebracht wurden, galten gleichzeitig als dem Kaiser dargebracht. In den sechziger Jahren des vierten Jahrhunderts erwacht dieser Kult unter Julian Apostata noch einmal zum Leben, ließ er sich doch zusammen mit seiner Frau als Sonne und Mond verehren.

Was machte diesen Gott so faszinierend für die Römer? Die Sonne war in einem täglichen Naturschauspiel zu betrachten. Nach antiker Vorstellung zog der Sonnengott, nachdem er im Osten dem Dunkel und Chaos des Meeres entstiegen war, das Dunkel mit der Kraft seiner Strahlen überwunden hatte, auf dem Himmelsbogen seine Bahn. Ein Wagen, gezogen von vier geflügelten Pferden mit feurigem Atem, war sein Gefährt. Am Abend kehrte er im Westen in das Haus des Okeanos zurück, von wo alle Flüsse, Quellen und Seen der Erde ihren Ursprung nahmen. Helios tritt ein in das Dunkel der Nacht, die auch das Dunkel des Todes versinnbildlicht, und tritt in seinem Gefährt die nächtliche Reise nach Osten an, wo er am nächsten Morgen wieder auf seine himmlische Bahn zurückkehrt. Als Gott spendete er Licht und Leben, als Gott war er Herr der Zeit und des Jahres.

Dieser Gott sollte noch einmal das römische Reich einen, dieser Gott kehrte unter Julian Apostata um das Jahr 360 noch einmal zurück, als das Christentum bereits seinen Siegeszug angetreten hatte. Und ab dem Beginn des vierten Jahrhunderts mehren sich Darstellungen und Predigten, in denen Christus mit den Abzeichen des Sonnengottes dargestellt wird. In einer römischen Gruft, der sogenannten Juliergruft in der Vatikanischen Nekropole, findet sich ein Mosaik, in dem Christus alle Insignien des Sonnengottes trägt. Sein Haupt ist von einem Strahlenkranz umgeben, er selbst steht auf dem von vier Pferden gezogenen Wagen. Doch auch Zeno von Verona (um 360–380 Bischof dieser Stadt) verwendet in einer Weihnachtspredigt alle Attribute des Sonnengottes und legt sie Christus bei. Soweit die indirekten Hinweise auf eine Beziehung zwischen Sonnenverehrung und Weihnachtsfest, die sich durch den Umstand ergeben, daß Attribute des Sonnengottes für Christus verwendet werden.

Ein direkter Zusammenhang zwischen Weihnachten und dem Sol-invictus-Fest, scheint sich durch Predigten des Kirchenvaters Augustinus und des Papstes Leo des Großen (440–461) aufzutun. In einer Weihnachtspredigt spricht Augustinus diese Frage direkt an (Sermo 190,1): »Brüder, laßt uns diesen Tag feierlich begehen, nicht wegen der Sonne wie die Ungläubigen, sondern wegen dem, der die Sonne erschaffen hat. Denn was Wort war, ist Fleisch geworden, damit es unter der Sonne um unsretwillen sein konnte. Dem Fleische nach war er freilich unter der Sonne, aufgrund seiner Majestät steht er jedoch über der ganzen Welt, in welcher er die Sonne erschuf. Jetzt steht er auch dem Fleisch nach über der Sonne, die aber diejenigen anstelle Gottes verehren, die in der Blindheit ihres Geistes die wahre Sonne der Gerechtigkeit nicht sehen.« Hier sagt doch Augustinus ganz deutlich, daß die Ungläubigen an diesem Tag ein Fest für die Sonne feiern. Ja, er ermahnt seine Gläubigen eindringlich, sich der »wahren Sonne der Gerechtigkeit« zu erinnern, die an diesem Tag von christlicher Seite gefeiert wird. In einem Werk, in dem er das Christentum verteidigt, muß sich Augustinus ganz offensichtlich dagegen zur Wehr setzen, daß die Christen angeblich die heidnischen Sonnwend- und Neujahrsfeste feierten. Augustinus antwortet darauf, daß die Christen den feiern, der weit mehr ist als die Sonne. Dies ist für ihn Grund genug, dieses Fest doch feiern zu dürfen.

Papst Leo der Große hat ebenfalls noch mit »Versuchungen des Teufels« zu kämpfen, die den Gläubigen zu schaffen machen (2. Weihnachtspredigt): »Bedrückt er doch einfältigere Seelen durch die verderbliche Einflüsterung gewisser Leute, denen dieser Tag unserer Festfeier nicht so sehr wegen der Geburt Christi verehrungswürdig erscheinen will, als vielmehr – wie sie sagen – wegen des »Aufgangs der neuerstandenen Sonne«. Ihre Herzen sind von dichter Finsternis umhüllt und von aller Aufnahme des wahren Lichtes weit entfernt. Stehen sie doch immer noch unter dem Einflusse der albernsten Irrtümer des Heidentums.« Ganz offensichtlich waren noch in der Mitte des fünften Jahrhunderts, also mehr als ein halbes Jahrhundert nach dem Aufstieg des Christentums zur Staatsreligion, genügend Gottesdienstbesucher nicht so sehr von dem Sinn des christlichen Festes am 25. Dezember überzeugt, als daß Leo der Große nicht noch etwas zu dieser Frage sagen mußte.

Noch deutlicher wird der Papst in seiner siebten Weihnachtspredigt, wo er manchen seiner Gläubigen direkt heidnische Bräuche zum Vorwurf macht: »Auf derartige Bräuche geht auch jene gottlose Gewohnheit so mancher dummer Leute zurück, von den Anhöhen aus bei Anbruch des Tageslichtes die aufsteigende Sonne anzubeten. Ja, sogar manche Christen sehen darin eine fromme Handlungsweise, daß sie sich vor dem Eintreten in die Basilika des heiligen Apostels Petrus, die doch einzig und allein dem wahren und lebendigen Gott geweiht ist, nachdem sie die Stufen hinaufgestiegen sind, die zur Terrasse des erhöhten freien Platzes führen, zur aufgehenden Sonne hinwenden, ihr Haupt beugen und sich zu Ehren des strahlenden Gestirns verneigen.« Lange Zeit war das Christentum bereits die einzige tolerierte Religion, und doch schwelt das Heidentum, so will es scheinen, noch immer fort, um bei jeder Gelegenheit wieder hervorzubrechen. Und welche Gelegenheit bietet sich mehr an als das Fest, das, so scheint es, Heiden und Christen unter verschiedenem Vorzeichen gemeinsam feiern?

Zweifache Reinigung des christlichen Kalenders?

Nach dem oben Dargelegten scheint es nahezuliegen, den christlichen Festkalender gleich zweimal zu reinigen: Das Epiphaniefest hat allem Anschein nach seine Wurzeln einzig in den Feiern und Mythen, die sich um Osiris und Dionysos ranken, während das Weihnachtsfest ein nahes Verhältnis zum Sol-invictus-Fest hat. Und doch fällt auf, daß niemand dieses Vorhaben bisher für das Dreikönigsfest vorgebracht hat. Das Epiphaniefest, das Augustinus als »Zwilling des Weihnachtfestes« bezeichnet, von dem er damit sagt, daß es eine letztlich fast schon unnötige Doppelung des Weihnachtsfestes darstellt, hat noch nie die Gemüter im Westen erregt. Keiner hat jemals den Vorschlag gemacht, dieses Fest aus dem Reigen der christlichen Feiern zu streichen.

Ganz anders hingegen steht es mit dem Weihnachtsfest. Die Versuche, es zu einem »christlichen« Fest zu machen, die auf den Berechnungen des Johannes Chrysostomos aufbauen, scheitern genauso kläglich wie der Versuch, es vom jüdischen Chanukka-Fest abzuleiten.

Das Chanukka-Fest beginnt am 25. Kislew und geht auf die Altarweihe des zweiten Tempels zur Zeit der Makkabäer zurück (1 Makk. 4,59): »Und Judas und seine Brüder und die ganze Gemeinde Israel beschlossen, daß man jährlich vom fünfundzwanzigsten Tage des Monats Kislew an acht Tage lang das Fest der Weihe des neuen Altars mit Freude und Fröhlichkeit halten sollte.« Wörtlich bedeutet »Chanukka« »Einweihung«. Das Fest feiert die

Wiedereinweihung des Tempels in Jerusalem durch Judas Makkabi im Jahr 164 v. Chr. Antiochos IV. hatte den Juden im Jahr 167 v. Chr. unter Androhung der Todesstrafe verboten, ihre Religion auszuüben. Der Tempel wurde dem Zeus Olympios geweiht, es wurden unreine Tiere im Tempel geopfert, die Einhaltung des Sabbats und der Beschneidung waren untersagt. Antiochos IV. erkannte zu spät, wie falsch diese religionspolitische Entscheidung war. Den meisten Juden blieb bei dieser Mißachtung ihrer Religion die Wahl zwischen dem Martyrium und dem bewaffneten Widerstand – die meisten wählten das Letztere. So kam es zu den Aufständen, von denen das erste Buch der Makkabäer berichtet. Der Überlieferung nach begann der Aufstand durch das Handeln des Priesters Mattatias: Er tötete die königlichen Beamten, die ein heidnisches Opferfest durchführten, zusammen mit einem Juden, der bereit war, die geforderten Opfer darzubringen. Mattatias floh zusammen mit seinen Söhnen aus Jerusalem. Die Kämpfe begannen, die letztlich zur Rückeroberung Jerusalems durch Judas Makkabi – dies ist der älteste Sohn des Mattatias – zusammen mit den Chasidäern (das heißt übersetzt: »die Frommen«) führte. Im Jahr 164 v. Chr. wurde der Tempel von allen Spuren des Götzendienstes gereinigt und neu eingeweiht. Dieser Ereignisse gedenkt das Chanukkafest. Es ist ein achttägiges Lichterfest; am Chanukka-Leuchter, der mit acht Armen und einer gesonderten Brennstelle versehen ist, wird jeden Tag ein weiteres Licht angezündet. Nach einer Legende reichte ein kleines Fläschchen mit reinem Öl, das die Makkabäer im Tempel fanden, auf wunderbare Weise, um den Leuchter eine ganze Woche am Brennen zu halten.

Es mag zwar stimmen, daß das Chanukka-Fest in den Winter fällt (der jüdische Monat Kislew fällt in die Zeit unseres November/Dezember), das Fest orientiert sich jedoch, weil es ja ein jüdisches Fest ist, am jüdischen Kalender. Das Datum des 25. Kislew hat also keinen fixen Ort im Gregorianischen Kalender. Und selbst wenn mit diesem Fest ein Lichtritus verbunden ist, so spricht zweierlei gegen einen Zusammenhang mit dem Weihnachtsfest. Zum einen ist das Weihnachtsfest überhaupt erst in einer Zeit entstanden, als die Kirche schon lange von der Synagoge getrennt war – erst im vierten Jahrhundert entstand dieses Fest, während die Wurzeln der Feste, die dem jüdischen Festkalender folgen, in das erste Jahrhundert zurückreichen. Zum anderen folgen diese Feste weitgehend dem jüdischen Kalender, und so kommt es, daß weder Ostern noch Pfingsten ein festes Datum in unserem Kalender haben, sondern statt dessen – abhängig vom Frühlingsvollmond, der auch den jüdischen Monat Nisan regelt – auf unterschiedliche Termine in unserem Kalender fallen.

Doch warum dieses Bedürfnis, auf immer neue Art das Weihnachtsfest zu rechtfertigen oder zu verwerfen? Was ist verglichen mit dem Epiphaniefest das Besondere dieses Festes? Der wohl wichtigste Punkt ist die einfache Tatsache, daß dieses Fest wie kein anderes die Menschen bewegt. Umfragen zeigen immer wieder, daß in der Bevölkerung das Weihnachtsfest einen viel höheren Stellenwert hat als das Osterfest. Auch wenn das Osterfest eigentlich der Höhepunkt der christlichen Feiern sein sollte, feiert es doch die Auferstehung Christi, ist es doch das älteste und zentralste Fest der Christenheit, so ist seine Bedeutung dennoch für einen Großteil der Menschen viel weniger herausragend als die Bedeutung des Weihnachtsfestes.

Hier die Vermutung aufzustellen, daß dies an der heidnischen Feier des Sol-invictus-Festes läge, ist so abwegig, daß das nicht einmal erwähnt werden dürfte, doch der nie ganz verstummende Ruf der Kritik am Weihnachtsfest macht diese Erwähnung nötig. Jenes ist seit langem vergessen*. Was geblieben ist, ja, was doch wohl der Grund war, das Weihnachtsfest auf gerade dieses Datum zu legen, ist die Symbolik: Christus, der von sich selbst sagt, er sei das Licht der Welt, kommt in die Finsternis dieser Welt. Der Wechsel der Jahreszeiten, der auch heute unser noch Leben beeinflußt, wird zum Symbol für das, was Jesus Christus für die Menschen bedeutet.

Der Winter ist eine dunkle Zeit – bereits in dieser Formulierung steckt eine Doppeldeutigkeit. Das Dunkel der Winterszeit ist einerseits natürlich bedingt. Die Sonne scheint kürzer, das Licht des Tages ist schwächer, und die Nächte sind lang und kalt. Doch auf der anderen Seite spricht man sehr gerne von der Dunkelheit im Leben eines Menschen, wenn dieser schwierige Zeiten durchlebt. Wofür Kälte im menschlichen Miteinander steht, braucht nicht eigens ausgeführt zu werden. Und so ist es letztlich sehr leicht zu verstehen, daß auch heute noch die Sonne für Licht und Leben, für Wärme und Wachstum steht, während das Dunkel des Winters für Tod und Vergehen steht. Nicht das heidnische Sol-invictus-Fest ist es, das dem Weihnachtsfest diese hohe emotionale Bedeutung für viele Menschen verleiht, sondern die Symbolik, von der im Wechsel der Zeiten Gebrauch gemacht wird. Es bleibt nur die Frage zu stellen, ob die Symbole, die diesem Fest eine einzigartige Wirkung gerade auf das Gemüt der Menschen verleihen, noch so verstanden werden, wie sie eigentlich verstanden werden sollten. Ob also die Menschen von dem Licht und der Wärme berührt sind, die das Geschehen rund um das Weihnachtsfest prägen, und die Botschaft verstehen, die durch dieses Fest übermittelt

* Die Tatsache, daß neben dem Sol-invictus-Kult andere Sonnenwendfeste bekannt waren, die unabhängig von diesem entstanden sind, unterstreicht, wie sehr die Wintersonnenwende die Gemüter bewegt. Es sei nur auf das aus Skandinavien stammende Jul-Fest verwiesen, das teilweise noch heute gefeiert wird.

werden soll, die Botschaft, daß Gott Mensch wird und daß das Kind in der Krippe der Sohn Gottes ist.

Am besten wird diese Verbindung von Licht und der Geburt des verheißenen Kindes durch die aus der Weihnachtszeit so vertraute Lesung aus dem Buch Jesaja deutlich (Jes. 9,1–6): »Das Volk, das im Finstern wandelt, sieht ein großes Licht, und über denen, die da wohnen im finstern Lande, scheint es hell. Du weckst lauten Jubel, du machst groß die Freude. Vor dir wird man sich freuen, wie man sich freut in der Ernte, wie man fröhlich ist, wenn man Beute austeilt. Denn du hast ihr drückendes Joch, die Jochstange auf ihrer Schulter und den Stecken ihres Treibers zerbrochen wie am Tage Midians. Denn jeder Stiefel, der mit Gedröhn dahergeht, und jeder Mantel, durch Blut geschleift, wird verbrannt und vom Feuer verzehrt. Denn uns ist ein Kind geboren, ein Sohn ist uns gegeben, und die Herrschaft ruht auf seiner Schulter; und er heißt Wunder-Rat, Gott-Held, Ewig-Vater, Friede-Fürst; auf daß seine Herrschaft groß werde und des Friedens kein Ende auf dem Thron Davids und in seinem Königreich, daß er's stärke und stütze durch Recht und Gerechtigkeit von nun an bis in Ewigkeit. Solches wird tun der Eifer des Herrn Zebaoth.«

Selbst wenn heute wohl nur sehr wenige Menschen in Europa mit dem »drückenden Joch«, »mit dem Stiefel, der mit Gedröhn daherkommt« und anderen Bildern dieser Lesung direkte Berührung haben, so stehen diese Bilder doch für Unterdrückung und Bedrückung, für beengte Verhältnisse und schwierige Zeiten. Die Worte des Propheten scheinen geradezu die Zeit des Winters zu beschreiben: »Das Volk, das im Finstern wandelt ...« Manchmal hat man den Eindruck, daß sich viele Menschen während der Dunkelheit des Winters verkriechen, daß sie sich in ihre Häuser zurückziehen, daß es für viele eine Zeit der Einsamkeit und Bedrückung ist. Und hier hat das Weihnachtsfest seinen begründeten Platz, hier darf das Weihnachtsfest an einem Sonnwendtag gefeiert werden, der bereits für viele Feste – so auch das Sol-invictus-Fest – den Ort bildete. Hier hat das Bild, das dem Lauf der Natur entnommen ist, daß gerade in der dunkelsten Zeit des Jahres ein lichtvolles Ereignis gefeiert wird, ein Kind, das in die Welt kommt, nicht nur seine Berechtigung, sondern es ist sogar eine Notwendigkeit. Und so sollte eigentlich weniger die Frage gestellt werden, ob es Wurzeln gibt, die möglicherweise einen Schatten auf dieses Fest werfen, sondern man sollte vielmehr der Frage nachgehen, ob es nicht an der Zeit ist, dieses Bild noch viel stärker für das Weihnachtsfest zu nützen.

In die Dunkelheit des Winters tritt der, auf den die Kirchenväter das Bild von der »Sonne der Gerechtigkeit, die den Menschen aufgeht«, von »dem Licht, das in die Finsternis kommt« angewendet haben. In der langen Nacht erscheint der, der von sich selbst sagt, er sei das Licht der Welt. Und diese Rede von »Christus als der Sonne der Gerechtigkeit« ist viel älter als das Weihnachtsfest. In dieser Rede und in der bereits zitierten Jesaja-Stelle liegt die Begründung dafür, daß ein Tag für dieses Fest gewählt wurde, der vielen Menschen der damaligen Zeit als der Tag galt, an dem die Sonne neu entstand, an dem die Sonne die Finsternis überwindet, an dem zum ersten Male wieder die Tage länger und die Nächte kürzer wurden. Und vielleicht ist es an der Zeit, daß man wieder neu darüber nachdenkt, wie dieses aus der Natur gegriffene Bild, das so einfach und doch so kraftvoll im Hintergrund des Weihnachtsfestes steht, tiefer in die christlichen Feiern eingebaut werden kann.

Der christliche Glaube ruht auf dem Vertrauen, das Paulus in ein kurzes und schlagkräftiges Bekenntnis gefaßt hat (1 Kor. 15,3–5): »Denn als Erstes habe ich euch weitergegeben, was ich auch empfangen habe: Daß Christus gestorben ist für unsere Sünden nach der Schrift; und daß er begraben worden ist; und daß er auferstanden ist am dritten Tage nach der Schrift; und daß er gesehen worden ist von Kephas, danach von den Zwölfen.« Der winterliche Schlaf der Natur wird immer wieder mit dem »Schlaf des Todes« in Zusammenhang gebracht. Ein christliches Fest, das genau diese Symbolik verwendet, um diese Botschaft zu vermitteln, scheint besser zu erklären, warum dieses Fest noch heute die Herzen bewegt, als die Vermutung, daß bis in die heutige Zeit das heidnische Sonnwendfest seine Finger ausstreckt, um das Christentum zu verderben. Doch gleichzeitig stellt sich die Frage, ob dieses Sinnbild von der Überwindung der Dunkelheit wirklich so genutzt wird, wie es sollte. Oftmals hört man in christlichen Kreisen lautes Klagen über die »neuheidnische Gesellschaft«, über ein Verdunsten der Religiosität, über Kirchenaustritte und leere Gemeinden. Und so darf gerade anläßlich des Weihnachtsfestes die Frage gestellt werden, ob tatsächlich dieses Fest und die vorausgehende Adventszeit so genutzt wird, wie sie genutzt werden könnten. Fast alle Geschäfte dekorieren ihre Fenster mit Lichtern, über Straßen und Plätzen hängen Lichterketten, Häuserfronten sind von glitzernden Ketten bedeckt – und die Kirchen und Gemeindesäle? Fast hat man den Eindruck, als ob jedes Jahr weniger Wert darauf gelegt wird, diese Orte festlich zu beleuchten. Oft ist es so, daß Kirchen dunkel sind, wenn man in sie hineingeht, um die Krippe anzusehen. Lieblos steht ein Weihnachtsbaum in der Ecke, der von drei elektrischen Kerzen beleuchtet wird. Verglichen mit dem Schmuck in den Straßen machen viele Gotteshäuser einen eher ärmlichen Eindruck. Das scheint eine nicht genützte Chance zu sein, den Menschen der heutigen Zeit den christlichen Inhalt eines Festes zu vermitteln.

Das Christentum lebt von den Zeichen. Das Wasser der Taufe ist so ein Zeichen, von dem bereits Paulus sagt (Röm. 6,3f): »Oder wißt ihr nicht, daß alle, die wir auf Christus Jesus getauft sind, die sind in seinem Tod getauft? So sind wir ja mit ihm begraben durch die Taufe in den Tod, damit, wie Christus auferweckt ist von den Toten durch die Herrlichkeit des Vaters, auch wir in einem neuen Leben wandeln.« Das Untertauchen steht als Zeichen für ein Sterben mit Christus, das Auftauchen hingegen als die Versinnbildlichung der Auferstehung. Gleichzeitig steht das Wasser für die Reinigung, ist es doch ein Zeichen, das jeder versteht. Im Gottesdienst wird Brot und Wein als Zeichen der Gemeinschaft mit Christus und untereinander geteilt. Wenn diese Zeichen und Rituale nicht mehr verstanden werden, wenn ihr Sinn den Gläubigen verschlossen bleibt, so entsteht ein Problem für die Kirche. Glaube kann nicht einfach abstrakt »für wahr gehalten« werden, die berühmten Lehrformeln werden zu unverständlichen Leerformeln, wenn sie nur noch auswendig gelernt und aufgesagt werden. Glaube braucht Zeichen im Gottesdienst, Glaube bedarf der Gemeinschaft und Glaube will gelebt werden. Die oben angesprochene Taufe ist vielen Menschen nur noch als Ritus der Namensgebung für ein kleines Kind verständlich, die Vorstellung, daß Jesus Erwachsene getauft hat, scheint für die heutige Zeit abwegig.

Und so soll noch einmal mehr gefragt werden, warum nicht gerade mit dem Weihnachtsfest ein Fest gefeiert werden darf, das tiefe Emotionen in vielen Menschen freisetzt? Warum soll nicht das natürliche Gleichnis vom Dunkel des Winters und den wieder länger werdenden Tagen, das nun einmal tatsächlich viele Menschen in ihrer Gefühlswelt beeinflußt und prägt, dazu verwendet werden, die Botschaft von dem verheißenen Kind, das in die Welt kommt, weiterzutragen? Warum darf die Geburt dessen, der von sich selbst sagt, er sei das Licht der Welt, nicht an dem Tag gefeiert werden, an dem das Licht zunimmt und die Finsternis abnimmt? An einem Tag also, der selbst in seiner Symbolik das Kommen des Lichtes symbolisiert.

Gerade die Tatsache, daß dieses Fest so viele Menschen berührt, während das Epiphaniefest, das aus den gleichen Gründen wie das Weihnachtsfest abgelehnt werden könnte, niemanden weiter bewegt, gerade diese Tatsache sollte eigentlich zeigen, daß viel mehr als ein paar heidnische Wurzeln in diesem Fest steckt, daß es fast schon als Glücksgriff zu bezeichnen ist, daß dieser Tag für die Feier der Geburt Christi gewählt wurde, auch wenn die Anfänge dieses Festes tief eingebettet sind in Kirchen- und Weltpolitik und in die Spannung zwischen Ost und West. Und so steht dieses Fest wohl tatsächlich zwischen zwei Welten, zum einen zwischen der griechischen und der römischen Welt der Alten Kirche, zum anderen aber zwischen der Natur und dem christlichen Glauben. Und als Brücke zwischen diesen Welten eignet es sich wie kein anderes christliches Fest. Dies ist Chance und Aufgabe zugleich.

Erläuterungen zu den wichtigsten Personen und Werken

Ambrosius ist einer der bedeutendsten lateinischen Kirchenväter. Er wurde vermutlich um 333 n. Chr. in Trier geboren. Er war von hoher Bildung und mit wichtigen staatlichen Ämtern ausgestattet – zwischen 372 und 374 n. Chr. wurde er Provinzstatthalter der Aemilia liguria mit Amtssitz in der westlichen Kaiserresidenz Mailand. Die verschiedenen Berichte über seine Bischofswahl lassen den Schluß zu, daß er – in seiner Funktion als Provinzstatthalter – im Jahr 374 einer sehr schwierigen Bischofswahl in Mailand beiwohnte, bei der er dann als Kompromißkandidat selbst gewählt wurde. Überhaupt wurde Ambrosius erst am 7. 12. des Jahres 374 getauft. Er schrieb verschiedene Bücher und war kirchenpolitisch von hohem Einfluß. Hochgeachtet starb er im Jahr 397.

Ananias von Shirak – auch Ananias der Rechner genannt – war ein armenischer Gelehrter des 7. Jahrhunderts. Er lebte in der Zeit zwischen 600 und 670 n. Chr. Ihm standen durch seine herausragenden Lehrer und die von ihm benutzten Bibliotheken viele heute verschollene Werke zur Verfügung. Aus diesem Grund sind seine Werke, selbst wenn sie aus vergleichsweise später Zeit stammen, von hohem Interesse für die Erforschung der ersten Jahrhunderte des Christentums.

Arius: Vom Leben des Arius ist wenig bekannt. Geboren wurde er in der zweiten Hälfte des dritten Jahrhunderts, wohl um das Jahr 260 n. Chr. Seine Familie stammt möglicherweise aus Libyen. Er war ein populärer Prediger, der mit seiner Auffassung, daß Jesus Gott, dem Vater, untergeordnet und von diesem geschaffen wurde, als Häretiker vom Konzil in Nizäa (325) verurteilt wurde. Arius starb im Jahr 336 n. Chr.

Arnobius von Sicca wurde um 235 in Nordafrika geboren (und zwar, wie sein Name bereits sagt, in Sicca im Gebiet von Numidien, dem heutigen Gebiet von Constantine in Algerien, das im östlichen Teil Algeriens nahe der tunesischen Grenze gelegen ist). Dort lehrte er Rhetorik – ein Fach, das in der damaligen Zeit letztlich einer Mischung aus dem Studium der Rechtswissenschaften und der Redekunst darstellte und somit eine wichtige Zugangsvoraussetzung für viele öffentliche Ämter und Funktionen war. Vor seiner Konversion zum Christentum war er ein entschiedener Gegner dieses Glaubens. Nach seiner Bekehrung, die wahrscheinlich in der Zeit zwischen 296 und 312 stattfand, verfaßte er ein Werk in sieben Büchern, in denen er das Christentum verteidigt. Ihr Titel ist programmatisch: Adversus Nationes – Gegen die Heiden. Doch verrät dieses Werk, daß sein Verfasser nicht einmal die Grundlehren des Christentums wirklich verstanden hatte.

Athanasius von Alexandrien war ein wortgewaltiger und oft unbequemer Prediger. Gegen Ende des dritten Jahrhunderts wurde er in Ägypten geboren. Die ersten sicheren Nachrichten über sein Leben stammen aus der Zeit um 319, wo von ihm berichtet wird, daß er Sekretär und Diakon des alexandrinischen Bischofs Alexander war. Nach dessen Tod im Jahr 328 wurde er zum Bischof von Alexandrien gewählt. Er stellte sich in seiner kirchenpolitischen Haltung gegen die Ansichten des Kaisers Konstantin und wurde auf dessen Betreiben hin im Jahr 335 vor eine Reichssynode nach Tyrus geladen. Athanasius ignorierte die Ladung und wurde in seiner Abwesenheit verurteilt und nach Trier ins Exil geschickt. Die Verurteilung erging (unter anderem) wegen politischen Ungehorsams. Nach dem Tod des Kaisers konnte Athanasius im Jahr 337 nach Alexandria zurückkehren, wo er jedoch nur zwei Jahre bleiben konnte. Die Partei um den Bischof Eusebius von Nikomedien vertrieb ihn erneut und setzte einen Gegenbischof ein. Er fand in Rom, wohin er geflohen war, Unterstützung. Dies dürfte die Ursache sein, warum er einer der wenigen Bischöfe des Ostens war, die während des antiochenischen Schismas den romtreuen Bischof Paulinus von Antiochien unterstützen. Erst im Jahr 346 konnte er nach Alexandria zurückkehren. Am 3. Mai des Jahres 373 starb er.

Augustinus ist einer der bekanntesten Kirchenväter. Gleichzeitig ist er wohl der für die Theologie des Westens bedeutendste Kirchenlehrer der Alten Kirche. Er wurde am 13. November 354 in Nordafrika geboren, studierte Rhetorik und war lange Zeit Anhänger der Manichäer. In der Osternacht des Jahres 387 (24./25. April) wurde er von Ambrosius getauft. Anfang des Jahres 391 kam er nach Hippo in Nordafrika, wo er kurze Zeit später zum Priester geweiht wurde.

Im Jahr 395 wurde er zum Bischof dieser Stadt geweiht. Am 28. August 430 starb er dort. Eine Vielzahl von Schriften ist von ihm überliefert.

Basilides war ein Lehrer, der vermutlich in Alexandrien wirkte. Wahrscheinlich begann er seine Lehrtätigkeit in den dreißiger Jahren des zweiten Jahrhunderts. Von Origenes, der dessen Lehren stark kritisierte, ist die Nachricht überliefert, daß Basilides Auslegungen des Evangeliums und möglicherweise ein Evangelium selbst verfaßt habe. Er lehrte die Seelenwanderung und einen sehr stark intellektualistisch verstandenen Glauben. Von seinen Schriften ist nur erhalten, was sich in den Werken der Kirchenväter, die ihn noch lange nach seinem Tod widerlegten, an Zitaten findet, lebten doch seine Lehren in seinen Schülern fort.

Celsus war ein platonischer Philosoph, dessen Schrift »Das wahre Wort« um 178 n. Chr. entstand. Origenes schrieb gegen Mitte des dritten Jahrhunderts eine umfangreiche Widerlegung dieser Schrift, hatte Celsus doch Christus als gemeinen Betrüger hingestellt, der nur durch Lügen seiner ersten Jünger überhaupt erst derartige Anhängerschaft gefunden hatte. Alles Wunderbare und Außerordentliche im Leben Jesu sei nur durch die Erfindungen seiner ersten Anhänger nachträglich behauptet worden. Die rasche Ausbreitung sei zusätzlich durch die Drohbotschaft vom Jüngsten Gericht und dem Höllenfeuer erklärbar. Origenes widmet der Widerlegung dieser Schrift acht Bücher.

Clemens von Alexandrien, ein Sohn heidnischer Eltern, machte nach seiner Taufe weite Reisen und kam so nach Unteritalien, Syrien und Palästina, bevor er sich in Alexandrien niederließ. Er starb im Jahr 215 n. Chr. Man darf ihn wohl aufgrund seiner umfassenden Bildung als den ersten christlichen Gelehrten bezeichnen, besaß er doch neben einer umfangreichen Sammlung christlicher Werke – er war mit fast allen damals existierenden christlichen Schriften vertraut – sehr viele profane und philosophische Werke.

De pascha computus, »Berechnung über das Pascha«, ist ein anonymer Traktat aus der Zeit um die Mitte des 3. Jahrhunderts. Zugeschrieben wurde dieses Werk Cyprian, dem Bischof von Karthago. Die Entstehungszeit ist wahrscheinlich das Jahr 243 n. Chr. Wie der Titel bereits besagt, handelt es sich um eine Vorausberechnung von Osterterminen, die es ermöglichen sollten, die Fastenzeit zum richtigen Zeitpunkt vor Ostern zu beginnen. Innerhalb dieser Berechnungen findet sich auch eine Zuordnung der Geburt Jesu, die nach diesem Traktat auf den 28. März fällt, da dies der Tag der Erschaffung der Sonne sei. Und da Christus die »wahre Sonne der Gerechtigkeit« sei, müsse er am Schöpfungstag der Sonne geboren sein. Die im Traktat verwendete lateinische Bibelübersetzung macht es möglich, Nordafrika als Entstehungsgebiet dieses Werkes zu beweisen.

De solstitiis et aequinoctiis ist ein weiterer anonymer Traktat, dessen Datierung umstritten ist. Manche glauben, daß er möglicherweise bereits in der ersten Hälfte des vierten Jahrhunderts entstanden sein könnte. Da er jedoch ganz offensichtlich die Argumentation der berühmten Weihnachtspredigt des Johannes Chrysostomos voraussetzt, die wahrscheinlich im Jahr 386 gehalten wurde, scheint eine derartige Frühdatierung abwegig. Die biblischen Geschichten von Empfängnis und Geburt Jesu und Johannes des Täufers werden mit den Eckpunkten des Sonnenjahres, den Sonnenwenden (Solstitien) und den Tagen der Tagundnachtgleiche (Äquinoktien) in Verbindung gebracht.

Dionysius Exiguus war ein gelehrter Mönch, der um 470 n. Chr. an der Schwarzmeerküste geboren und dort auch erzogen wurde. Er kam nach dem Tod des römischen Bischofs Gelasius I. (gestorben 496) nach Rom. Seine hervorragende Beherrschung des Griechischen und des Lateinischen machte ihn schon bald zu einem theologischen Vermittler der beiden kirchlichen Lager Ost und West, zwischen griechischer und lateinischer Christenheit. Zu seiner Zeit wurde das Osterfest in Alexandrien und in Rom nach unterschiedlichen Methoden vorausberechnet. Durch einen Kunstgriff ermöglichte er ein gemeinsames Osterfest in Ost und West: Er behauptete, daß auf dem Konzil von Nizäa (325) nicht nur der Frühlingsbeginn, der für die Berechnung des Osterfestes wichtig ist, festgelegt wurde, sondern daß dort auch noch die alexandrinische Berechnungsmethode verbindlich beschlossen worden sei. Er war es auch, der zum ersten Mal die Jahre von Christi Geburt an zählte, störte es ihn doch, nach der sog. Ära der Märtyrer zu rechnen, die bis dahin in der Kirche verwendet wurde. Man rechnete damals die Jahre von der Thronbesteigung des Kaisers Diokletian an (284), unter dessen Herrschaft viel christliches Blut vergossen wurde. Bei dieser Festlegung der Jahre »nach Christi Geburt« berechnete er die Geburt Jesu um einige Jahre später, als sie wohl tatsächlich stattfand. Es dauerte jedoch viele Jahrhunderte, bis sich diese neue Zählweise der Jahre überall durchsetzte, finden sich doch noch aus dem neunten und zehnten Jahrhundert Grabsteine in Ägypten, die der Zählung nach der Ära der Märtyrer folgen.

Donatisten waren die Anhänger des Donatus. Sie verstanden sich als die »Kirche der Heiligen« und erkannten die Sakramente der mit der Großkirche verbundenen afrikanischen Christen nicht an, da diese von Verrätern gespendet seien. Da sie die Spendung von Sakramenten durch sündige Priester nicht anerkannten, tauften sie bereits getaufte Christen erneut, wenn sie sich ihnen zuwandten. Zeitweise war die Mehrzahl der Christen in Nordafrika donatistisch. Ein kaiserliches Edikt, das Honorius am 30. 1. 412 erließ, befahl die Unterdrückung der Donatisten.

Donatus war der Anführer der nach ihm benannten Gruppe afrikanischer Christen. Anlaß für seine Kritik an kirchlichem Verhalten war die Weihe des Bischofs Caecilian von Karthago durch einen »Verräter«, die im Jahr 311/312 stattfand. Über hundert Jahre war dadurch die Kirche in Afrika gespalten, wobei das teilweise sehr enge Zusammenleben zu entsprechender wechselseitiger Polemik führte, wie dies auch in der vierten Epiphaniepredigt des Augustinus zu sehen ist, in der er den Donatisten den Vorwurf macht, das Weihnachtsfest nicht zu feiern.

Dorotheus von Antiochien war Nachfolger des arianisch gesinnten Bischofs Euzoius von Antiochien während des antiochenischen Schismas. Er wurde 381 von Kaiser Theodosius zum Abdanken gezwungen, was zum Ende der arianischen Gemeinde in Antiochien führte.

Egeria war eine fromme Pilgerin, die in den letzten beiden Jahrzehnten des vierten Jahrhunderts – vorgeschlagen werden immer wieder die Jahre 381–384 – unter anderem nach Jerusalem reiste. Sie entstammt der Oberschicht, beherrschte Griechisch und schrieb über ihre Pilgerfahrten einen ausführlichen Bericht, der auch von den Feiern des Epiphaniefestes in Jerusalem und Bethlehem berichtet.

Eleagabal war Anfang des dritten Jahrhunderts für wenige Jahre römischer Kaiser und führte das Fest der unbesiegten Sonne (das Sol-invictus-Fest), das am 25. Dezember gefeiert wurde, im Jahr 218 n. Chr. in Rom ein. Er brachte dieses Fest aus seiner persischen Heimat mit und benannte sich auch nach dieser Gottheit, heißt doch Eleagabal »Helios (Sonne) von Gabal«.

Eudoxios von Antiochien war der Vorgänger des Meletius, der 360 den Bischofsthron von Antiochien bestieg.

Eusebius von Caesarea war der erste Kirchenhistoriker. Geboren in der zweiten Hälfte des dritten Jahrhunderts, wuchs er in Caesarea, der Provinzhauptstadt von Palästina, auf. Seine Bildung war umfassend und tiefgehend. Er schrieb eine umfangreiche Kirchengeschichte, in der er Kaiser Konstantin verherrlichte. Vieles, was heute diesen Kaiser als den »ersten christlichen Kaiser« erscheinen läßt, geht auf das Konto des Eusebius, der 314 Bischof von Caesarea geworden war. Er starb um 339/340.

Euzoius wurde 361/362 von der Synode von Antiochien, die Meletius absetzte, als (arianisch gesinnter) Bischof eingesetzt. Diese Bischofsernennung markiert den Anfangspunkt des antiochenischen Schismas.

Flavian war Nachfolger des Meletius auf dem Bischofssitz von Antiochien. Er weihte Johannes Chrysostomos zum Priester. Während der Herrschaft des Flavian, die von 381 bis 404 dauerte, endete das antiochenische Schisma.

Hieronymus wurde um 347 in Stridon in Dalmatien – die genaue Lage des Ortes ist ungeklärt – geboren. Er stammte aus einer begüterten christlichen Familie und studierte in Rom, wo er auch getauft wurde, entschied sich in Trier zur monastischen Lebensweise und hielt sich zwischen 367/68 und 373/74 in Aquileia auf. Der von Rom anerkannte Bischof von Antiochien, Paulinus, weihte Hieronymus während seines Aufenthaltes in Antiochien zum Priester. 380–382 hielt er sich in Konstantinopel auf, 382–385 war er Sekretär des römischen Bischofs Damasus. 386 gründete er in Bethlehem ein Männer- und ein Frauenkloster. Als deren Leiter wirkte er bis zu seinem Tod am 30. 9. 419. Bekannt ist Hieronymus vor allem durch seine lateinische Bibelübersetzung, die sogenannte »Vulgata«, welche die Grundlage der für Jahrhunderte im Westen verwendeten lateinischen Bibeltexte legte.

Hippolyt von Rom wurde in Kleinasien in der zweiten Hälfte des zweiten Jahrhunderts – wahrscheinlich vor 170 – geboren. Ab etwa 189 hielt er sich in Rom auf, wo er als Presbyter wirkte. Möglicherweise war er einige Zeit Gegenbischof einer kleinen Gemeinde in Rom. Im Jahr 235 wurde er durch Kaiser Maximus Thrax in die Verbannung geschickt und starb noch im selben Jahr in Sardinien.

Johannes Chrysostomos – Chrysostomos heißt übersetzt »Goldmund« – erhielt diesen Beinamen im 5./6. Jahrhundert wegen seiner großen Beredsamkeit. Geboren wurde er um das Jahr 349 im syrischen Antiochien. Sein Vater, der wenige Jahre nach seiner Geburt verstarb, war ein in Antiochien stationierter römischer Offizier. Von seiner Mutter standesgemäß erzogen, erhielt er eine umfassende geistige Bildung und studierte Rhetorik. Im Juli 367 beendete er sein Studium und schloß sich dem Kreis um Bischof Meletius an, der in diesem Jahr aus seiner zweiten Verbannung in sein Bistum zurückkehrte. Getauft wurde er am Osterfest des Jahres 368 und verbrachte insgesamt sechs Jahre in den Bergen hinter Antiochien in strenger asketischer Zurückgezogenheit. 380/81 wurde er von Meletius zum Diakon und von dessen Nachfolger Flavian 386 zum Priester geweiht. 398 wurde er zum Bischof von Konstantinopel geweiht. Im Jahr 404 wurde er durch den Kaiser Arcadius in die Verbannung geschickt und starb am 14. 9. 407.

Justin ist einer der ältesten Kirchenväter. Die Quellen, die über ihn berichten, widersprechen sich bezüglich seiner Lebensdaten. Er starb wohl in den fünfziger oder sechziger Jahren des zweiten Jahrhunderts als Märtyrer. Unter seinen Schriften ist die 1. Apologie besonders hervorzuheben, die an die Kaiser M. Aurel und L. Verus gerichtet ist und die Unbedenklichkeit der christlichen Lehre erweisen soll.

Konstantin (Kaiser) bestieg 306 den Thron und konnte sich im Rahmen von kriegerischen Auseinandersetzungen gegen seine Mitregenten durchsetzen, so daß er ab 323 als Alleinherrscher regierte. Während seiner Regierungszeit wurde 313 das Toleranzedikt von Mailand erlassen, 325 tagte das erste Konzil in Nizäa. Er griff bei aller Offenheit für das Christentum in kirchliche Angelegenheiten ein, wie dies auch die Verbannung des alexandrinischen Bischofs Athanasius im Jahr 335 zeigt, der erst nach dem Tod des Kaisers in sein Bistum zurückkehren konnte.

Konstantius (Kaiser) war Sohn des Konstantin und herrschte nach dem Tod seines Vaters zuerst als Kaiser des Ostreiches, ab 353 war er Kaiser des gesamten römischen Reiches. Er starb 3. 11. 361.

Lektionar: Zusammenstellung der biblischen Lesungen für die jeweiligen Tage und Feiern des Kirchenjahres.

Leo der Große wurde gegen Ende des vierten Jahrhunderts geboren. Möglicherweise war er der römische Bote, den Augustinus für das Jahr 418 als Überbringer eines Schriftstücks nach Karthago erwähnt. Um 430 war er Archidiakon. Am 29. 9. 440 wurde er zum römischen Bischof geweiht und war über gut zwanzig Jahre von großer Bedeutung für Kirche und Kirchenpolitik. Er verstarb am 10. 11. 461

Meletios wurde 360 Bischof von Antiochien. Von der antiochenischen Synode 361/362 abgesetzt, kehrte er bereits 362 wieder zurück. Die Tatsache, daß in der Zwischenzeit von der Partei, die Meletios abgesetzt hatte, ein weiterer Bischof namens Euzious in Antiochien ernannt worden war, begründete ein Schisma in Antiochien.

Manichäer heißen die Anhänger des Mani. Diese benutzten neben den kanonischen Evangelien verschiedene christliche und gnostische Evangelien. Mani selbst wurde 216 geboren und starb entweder 274 oder 277 n. Chr. Die Lehren des Mani waren im vierten Jahrhundert weit verbreitet.

Optatus von Mileve war Bischof dieser nordafrikanischen Stadt und kämpfte gegen den Donatismus. Er wirkte dort in den sechziger Jahren des vierten Jahrhunderts, doch ist ansonsten über seine Person sehr wenig bekannt.

Origenes von Alexandrien ist einer herausragendsten und umstrittensten Theologen des dritten Jahrhunderts. Er wurde gegen 185 in Alexandrien geboren. Er war ein hervorragender Lehrer und wirkte ab 215 in Caesarea in Palästina, nachdem er Alexandrien während der Verfolgungen unter Kaiser Caracalla verlassen hatte. Er starb 253 an den Folgen der Foltern, die er bei der Christenverfolgung unter Kaiser Decius erduldet hatte. Im fünften und sechsten Jahrhundert erregten viele Schriften des Origenes kirchliches Mißfallen, und es kam zu einer Verurteilung, die zur Vernichtung vieler seiner Werke führte.

Paulinus von Antiochien war antiochenischer Presbyter und wurde im Jahr 362 durch den Bischof Luzifer von Calaris zum Bischof geweiht. Theologisch der Gemeinde um Meletius nahestehend, war er der von Rom und den Bischöfen des Westens favorisierte Kandidat, während Meletius die Unterstützung der Bischöfe des Ostens genoß. Kurz vor seinem Tod im Jahr 383 weihte er Evagrius zum Bischof. Erst nach dessen Tod im Jahr 394 endete das antiochenische Schisma.

Tertullian ist der erste lateinische christliche Schriftsteller. Er wirkte Ende des zweiten und Anfang des dritten Jahrhunderts in Karthago. Als Lebenszeit darf man 160–220 n. Chr. annehmen.

Theodosius I. war der römische Kaiser, während dessen Regierungszeit das Christentum zur Staatsreligion wurde. Im Jahr 379 wurde er Herrscher über die östliche Reichshälfte. Von 392 bis zu seinem Tod im Jahr 395 regierte er über das ganze römische Reich.

Zeno von Verona war der achte Bischof dieser norditalienischen Stadt und wirkte dort zwischen 360 und 380. In einer Predigt beschreibt er Christus, indem er ihn mit den Attributen des römischen Sonnengottes ausstattet. Diese Predigt wird immer wieder als Beweis dafür verwendet, daß es einen engen Zusammenhang zwischen dem Weihnachtsfest und dem Sol-invictus-Fest gibt.

Aus unserem Programm

Annamaria Lammel/Ilona Nagy

Die Ungarische Bauernbibel

Wo Volkstümliches und Märchenhaftes auf die Bibel trifft

Aus dem Ungarischen von Hans Skirecki
260 Seiten

Die Bibel, das Buch der Bücher, ist zu allen Zeiten Gegenstand eifriger Exegeten gewesen. Selten jedoch hat sich eine soziale Schicht ihrer so eigenständig und schöpferisch angenommen wie die ungarischen Bauern. Der Schrift nicht mächtig, haben sie die biblischen Geschichten über Jahrhunderte weitererzählt, mit ihrem eigenen Erfahrungsschatz angereichert und ihnen somit eine schillernde Färbung verliehen, die nicht immer vor den wohlgehüteten Toren »dogmatischer Korrektheit« Halt macht. Voller Humor und Phantasie und mit einem Gutteil Bauernschläue tut sich in den von den ungarischen Anthropologinnen Lammel und Nagy gesammelten und erstmals niedergeschriebenen Geschichten eine faszinierende Welt auf. Jesus und Petrus, Gott und Teufel, Adam und Eva, Maria und Josef, Jakob und die vielen namhaften und gelegentlich namenlosen Heroen der Christenheit schlüpfen dabei in das Gewand des Mitmenschen, der mit viel Lebensweisheit gezeigt wird, manchmal göttlich, zumeist aber menschlich, allzumenschlich ...